シリーズ・現代思想と自由主義論②

不平等、貧困と歴史

ジェフリー・G・ウィリアムソン 著
安場保吉・水原正亨 訳

ミネルヴァ書房

INEQUALITY, POVERTY & HISTORY

by Jeffrey G. Williamson.

Japanese Translation rights arranged with
Blackwell Publishing Ltd, Oxford UK
through The Asano Agency, Inc. in Tokyo.

シリーズ編集者序文

一九八六年、イエール大学経済成長センターは一九六一年のセンター創立に参画し、その後一九八五年になくなるまでその理事を務めた故サイモン・クズネッツを記念するレクチャー・シリーズを創設した。クズネッツは一九七一年にノーベル経済学賞を受けたが、このレクチャー・シリーズは、「諸国の経済成長の数量的側面」というテーマに捧げられている。それはサイモン・クズネッツが自ら執筆し、一九五六年から一九六七年の間に*Economic Development and Cultural Change*に発表した一〇編のパイオニア的論文のために選んだ題である。

レクチャー・シリーズは全世界のクズネッツの友人・同僚から寄せられた好意ある寄付と当経済成長センターの拠出金によって創設された。

第一回のクズネッツ・レクチャーは、一九八七年三月イエール大学においてプリンストン大学のアンガス・ディートンが行なった。一九八八年四月には、ハーバード大学のアマルティア・センが「不平等の再検討」と題して第二回目のレクチャーを行なった。本書に収録されているのはハーバード大学のジェフリー・ウィリアムソンが「不平等と経済成長──歴史からの教訓」と題して一九八九年九月に行なった第三回目のレクチャーである。

レアード・ベル記念教授であり、メイザー・ハウスの塾長をも務めるジェフリー・ウィリアムソンは経済史および経済発展についての多くの著書・論文で著名であるが、かれの大きな貢献の一つはイギリス、アメリカおよび日本さらにインドを含む発展途上国の産業革命の期間中に何が起こったかを描写することであった。かれの業績の多くに共通した枠組みは経済発展の新古典派モデルで、そこでは需要と供給は一致し、賃金や価格は弾力的で市場をクリアするものと考える。この新古典派的伝統は、賃金が弾力的ではないとみるルイス＝フェイ＝レニスのモデルのそれと対照的である。ウィリアムソンの研究の第二の特徴は、モデルを使って産業革命に際して個人間の所得不平等に起こった規則性を説明することにある。かれのレクチャーはこの二つのアプローチを理論的に統合したものである。ウィリアムソンは近代的発展が起こる際、所得不平等が縮小する前に拡大する必要は必ずしもないということを示したが、この命題はクズネッツ自身がアメリカ経済学会の一九六〇年年次大会における会長講演で示唆したところであった。ウィリアムソンのレクチャーは経済発展や経済史の研究者の思考を刺激する力作のはずである。

イエール大学経済成長センター所長

T・ポール・シュルツ

はじめに

一九六〇年代はじめに研究生活をはじめたものにとって、諸国民の富の不平等を説明することは明らかに研究テーマの中の最も重要な課題であった。当時世界経済の成長パフォーマンスは歴史的にみて異常に急速であったから、われわれが生きていたのは明らかに異常な時代であった。さらに驚くべきことに、第三世界の成長パフォーマンスも歴史的にみて異常に早かったのである。

事実、一九五〇年以降の第三世界の一人当たり所得の成長率は、一九世紀ヨーロッパのそれの三倍以上であった。この比較はもちろん成長パフォーマンスの速いもの、遅いものそしてその中間にある雑多な諸国の平均値についての話であるが、比較を当時そして現在のリーダー、すなわち急成長しつつあるNICS（新興工業国）に限っても結論は変わらない。一九世紀のNICSのうち最も重要だったのはドイツとアメリカであったが、これらの諸国は、最初の産業革命を経験したイギリスに追いつき、追い越そうとしていた。今日の第三世界におけるNICSを仮に一九五〇～七五年の四半世紀に最も急成長した九つの国（中華人民共和国を含む）とするならば、その平均成長率はやはり一九世紀におけるドイツとアメリカの平均値の三倍以上なのである。

要するに、われわれは大変ドラマティックな第三世界産業革命の時代、一九世紀のそれよりもはるかにドラマティックで異常な時代に生きているのである。さらに一九五〇年から七五年の間の「成長の奇跡」はその後成長が減速してからも当てはまる。一九七五年以降の第三世界の一人当たり所得の成長パフォーマンスは一九世紀工業国のそれの二倍を越えているのである。

一九五〇年には誰も奇跡を予見していなかった。第三世界が一九世紀の工業国より早く成長するだろうと考えるべき理由はなかったから、専門家もこれには驚いた。一九世紀工業国程度のささやかな成果さえも期待されてはいなかった。経済学者は第三世界の多くの国が、一八五〇年以降、近代工業化の前提条件を準備する上で、大きな進歩を遂げていたことを理解できなかった。したがって一九五〇年以降四〇年間の現実のパフォーマンスはすべての人の期待を越えたのである。

歴史を知らない以上、素人はもちろん多くの経済学者も達成されたことがいかに大きいかを理解できない。われわれは一九五〇年以前の成長の問題の実証研究に十分な注意を払ってこなかったというのが事実なのである。サイモン・クズネッツはこれらすべてを変えた。そしてかれの影響力は非常に大きかったので、一九八九年九月以来イエール大学で行なわれてきた記念講演にはかれの名前がつけられている。クズネッツは近代経済成長について大きな疑問を提起し、われわれを促して、成長の源泉、蓄積の問題、人口転換などについて考えることを求めた。かれはまた誰が成長の成果をとるかを考えるよう促した。この問題こそ二世紀前イギリスで展開しつつあった最初の産業革命を理解しようとして苦闘していた古典派経済学者が、不平等をかれらのモデルの中心において考えた際の最も重要な課題であった。かれらの業績は過去を理解することなくして現在を理解することはできないということを語っている。

研究がうまく進まないとき、私は時にわれわれはクズネッツのメッセージを見失ってしまったのではないかと感じる。現代の問題の緊急さに促され、今日の経済発展論研究者はクズネッツが一九五〇年代に *Economic Development and Cultural Change* に論文を発表しはじめたときに、かれの論文を熱心に読んだ一時代前の経済発展論研究者に比べると、経済史が提起する大きな問題に対する関心が弱いように思う。事実、現在の経済発展論と経済史との間にはギャップが生じつつあるようである。われわれは三〇年前に比べれば過去の産業革命についてはるかによく理解しているのだから、これは大きな皮肉である。はっきりいえば、経済史はサイモン・クズネッツが一九五〇年代から六〇年代にかけて経済学に大きな貢献をしていた時代より、はるかによく第三世界の現代の問題について発言できるはずである。アレックス・ケアンクロスの言葉を借りれば、おそらく経済史家は外部の注意をもっと引きつけ、われわれの研究成果を知らせるために意図的に通俗化をはかるべきであろう。読者が私のレクチャーをジャーナリスティックな論説とみなすことは望まないが、読者はこのレクチャーの中に私のような経済学者がこの一〇年ほどの間に学んできたことを見出すであろう。私はこの機会を借りて、これらのメッセージのいくつかを再び提示し、そして私や共同研究者たちが見出したことに思いをめぐらしてみたい。

どこからはじめようか。サイモン・クズネッツが提起した領域はあまりにも広いので、以下の四つのレクチャーでそのすべてをカバーすることはできない。そこで私は不平等、貧困そして蓄積——これだけでも広すぎるが——の三つの問題に重点を置くことにしたい。

これらの問題が一九七〇年代のはじめから中頃にかけて、石油ショック、生産性上昇率の低下、そして債務問題などに注意を奪われる前の大トピックだったことは間違いない。しかも、われわれは不平等と貧困を再発見しつつあるようである。このことはアマルティア・センの飢餓や生活権についての研究が注目されていることや一九九〇年の『世界開発報告』が構造調整の分配に対する影響に重点を置こうとしていることからわかる。

講義をはじめる前に、長年にわたって過去と現在の産業革命についてのわれわれの理解をより豊かにするために一緒に研究をしてくれた共同研究者に感謝したい。とくにチャールズ・ベッカー、ティモシー・ハットン、アレン・ケリー、ピーター・リンダート、エドウィン・ミルズ、ベン・ポラックの諸氏の名前を挙げたい。かれらは以下の議論を理解するだろうし、場合によっては、以下のレクチャーに現れる言葉もなじみ深いものがあろう。共同研究の成果のうち出版されたものは参考文献に挙げられている。これらの六人には講義に入り込んでいるかもしれない間違いについてなんら責任はないが、巻末に挙げた共同研究のリストはかれらがどれだけ私の考えに貢献したかを明らかにするであろう。私はまた、人間的かつ学者的優雅さと温かさをもって、イエール大学での講義でホスト役を務めてくれたT・ポール・シュルツと私の草稿にコメントしてそれを改善するのを助けてくれたエイリエル・ペイクスに感謝したい。

日本語版への序文

一九八六年にイエール大学経済成長センターはノーベル経済学賞受賞者サイモン・クズネッツ〔訳者安場の博士論文指導教授〕を記念するレクチャー・シリーズを創設した。私のようにその研究歴が一九六〇年代、一九七〇年代に及ぶ研究者は誰でも、今日に至るまで続くクズネッツの大きな影響を感じている。したがって、私は十数年前の一九八七年にイエール大学から第三回クズネッツ・レクチャーを担当するよう求められた時、大変喜んでそれに応じたのであった。読者も所得分配についての私のこの書物を読まれる時、サイモン・クズネッツに対する私の強い同感の気持を感じられることと思う。

この日本語版の計画は私が一九九四年の春から夏にかけて、大阪学院大学で客員教授として実り多い三カ月を過ごした時にはじめられた。私の友人であり経済史研究における同志である安場保吉教授とかれの同僚諸教授ならびに白井総長をはじめとする大阪学院大学職員はすばらしいホスト役を務められた。その機会に私は社会経済史学会全国大会での特別講演「産業革命における生活水準論争の現段階」を含め、日本各地で講演する機会を持ったが、所得分配の不平等はその時のテーマの一つだった。私は大阪での滞在を大変エンジョイしたが、クズネッツ・レクチャーの一部を講演したことも深く記憶に残っている。

この書物は安場教授と大阪学院大学の同僚の水原正亨教授によって訳出された。私はこの本を日本の読者の手許に届けてくれたことに対して両教授に感謝する。私はまた客員教授計画を通じてそのことを可能にしてくれた大阪学院大学にも感謝の気持を表したい。

二〇〇二年九月

マサチューセッツ州ケンブリッジにて

ジェフリー・G・ウィリアムソン

不平等、貧困と歴史　目次

第1講　不平等と産業革命

一　はじめに

　産業革命は不平等を作り出すか。この古い説を支持する意見はいつの時代にも見出される。そしてそれがイギリスではじまってからの一五〇年の経験にもかかわらず、論争は一向に沈静化しない。さらに、過去についての理解は、第三世界が今後予見すべき不平等の趨勢についてのわれわれの意見を左右する。論争が続いている一つの理由は、論争参加者が第一次世界大戦以前の不平等の趨勢を明らかにするような確実な証拠を集めることを怠っていたためである。当時は確実なデータはほとんど存在せず、現在に至っても遠い昔のことを明らかにする鍵は乏しいから、このようなことが起こったことは理解できる。しかしながら、証拠は乏しくても、このホットな問題についての論争は終わることはなかった。

　二年にわたるイギリス訪問の後、フリードリッヒ・エンゲルスが一八四五年に第一弾を放った。彼の主著は労働階級の状態について明確に告発し、資本主義の擁護者はそれ以来守勢に立たされてきた。エンゲルスは言った。産業革命の前には、労働者は安楽で平和な生活を楽しんでいた。……かれらの生活水準は今日の工場労働者のそれよりはるかに高かった。かれらは必要以上に長時間働くことを強いられることはなかったし、たいていの人は強く立派な体格をしていた。（Williamson, 1985a, p. 1 から引用）

三年後に出た『共産党宣言』は、経済全体の生産性が上がっているさなかに中産・下層階層が貧困化しているということを古典的に描写して、次のように書いている。

従来、中産・下層階級に属していた人たち——商工業者・小商人・わずかな所得の受領者・職人そして農民——はプロレタリアートに転落してそこから這いあがることはなかった……全人口の九割に当たる人々にとって私有財産は廃止された。それが存在するのはこの九割の人々がなんらの財産を持たないからである。（Williamson, 1989, p. 2 から引用）

二〇年後、このような見解はマルクスの『資本論』の中の「資本主義的蓄積の一般法則」となった。

社会の富、機能的資本そしてその程度とエネルギーが大きければ大きいだけ……産業予備軍は大きくなり、公の貧民の数は多くなる。これが資本主義的蓄積の絶対的な一般法則である。（Williamson, 1985a, p. 2 から引用）

エンゲルスと同様、マルクスも労働者の生活は悪化したと主張したのである。ただし、両者とも絶対的貧困化ではなく、相対的貧困化を考えていたのだと解釈できないわけではない。

公開の場でイギリスでは不平等が拡大していると主張したのはエンゲルスとマルクスだけではない。フィリップ・スノードンは一九一一年に下院における演説の中でマルクスの言葉を借りたが、それには若干の議会用語的脚色が施してあったので、かれの言葉はその後一般に通用するようになった。

労働者は……より貧しくなっている。金持ちはより豊かになっている……かれらはものすごく豊かになり……恥知らずなほど豊かになり、危険なほど豊かになっている。(Williamson, 1985a, p. 2 より引用)

もちろん、論争に参加することは自由であるから、資本主義擁護者も黙ってはいなかった。ポーターとギッフェンは、乏しい税金申告用データを用い、実際には平等化の傾向があるといってラディカルな批判者に反撃した。アルフレッド・マーシャルも同じ程度の弱い証拠を用いて、彼の大きい影響力を利用し、楽観派陣営に参加した。

資本主義に対する批判者と擁護者との間の論戦は、一八三〇年代にイギリスで革命論争が熱を帯びるようになって以来、少なくとも一五〇年は続いている。さらに、今日のラテン・アメリカや第三世界の中の工業化しつつある他の国々で論争が同様に激しく続いているところをみれば、対立がクール・ダウンする傾向はみられない。当時経済学者を悩ませた疑問は、現在われわれを悩ませている疑問と同じである。イギリスの資本主義は不平等を拡大させたか、なぜか、イギリスはそのような不平等化を避けることができただろうか、どのようにすればよかったのか、といった疑問である。

その後、われわれが理解するようになったのは、その論争が一つではなく二つの仮説を創り出したということである。第一の仮説は既に紹介した。つまり、工業化は所得不平等を拡大させるかどうかというものである。第二の仮説は逆の因果関係、つまり、不平等は蓄積を促進し、したがって工業化を促進するということを主張する。私は第3講でこのアダム・スミス的トレード・オフ仮説について多く語るつもりだから、ここではイギリスの古典派経済学者は不平等が実際に蓄積とより速い工業化を促進したと信じていたと述べるにとどめる。少なくとも一世紀半の間、主流派の経済学者と政治家・官僚は、貧しい人々により多くの所得を分配するならばGNPを引き上げることはできないだろうという信念に導かれてきた。要するに、金持ちから貧しい人々に所得を再分配すれば蓄積のために使うことのできる剰余が減ってしまうではないか、というのである。

先にも述べたように、この第1講は最初の仮説、つまり工業化は所得分配を悪化させるという仮説に焦点を当てる。この講義は私自身の研究とピーター・リンダートとの共同研究に負うところが大きい。

二　クズネッツ・カーブ――現代の横断面分析

三〇年以上前、サイモン・クズネッツ（Kuznets, 1955）はアメリカ経済学会（AEA）会長講演の中で所得分配の不平等は二〇世紀中葉の工業国では縮小したようにみえることに注意を喚起し、さらに進んで、それ以前には資本主義の批判者が指摘したように拡大したのではないかと推察した。クズネッツは限られた歴史的統計を利用していたが、一九七〇年代には他の学者がかれの呼びかけに応じて、最も広範囲なクロス・セクション（横断面的）のデータを発掘した。フェリックス・ポーカート（Paukert, 1973）、アーマ・エイデルマン＝シンシア・タフト・モリス（Adelman and Morris, 1978）、ホリス・チェネリーとかれの世銀チーム（Chenery *et al.*, 1974）、モンテク・アルワリア（Ahluwalia, 1976, 1980）、そしてエドマール・バチャ（Bacha, 1979）などの人々は全員が経済発展とともに所得分配は最初不平等化し、

図１－１　クズネッツ・カーブ

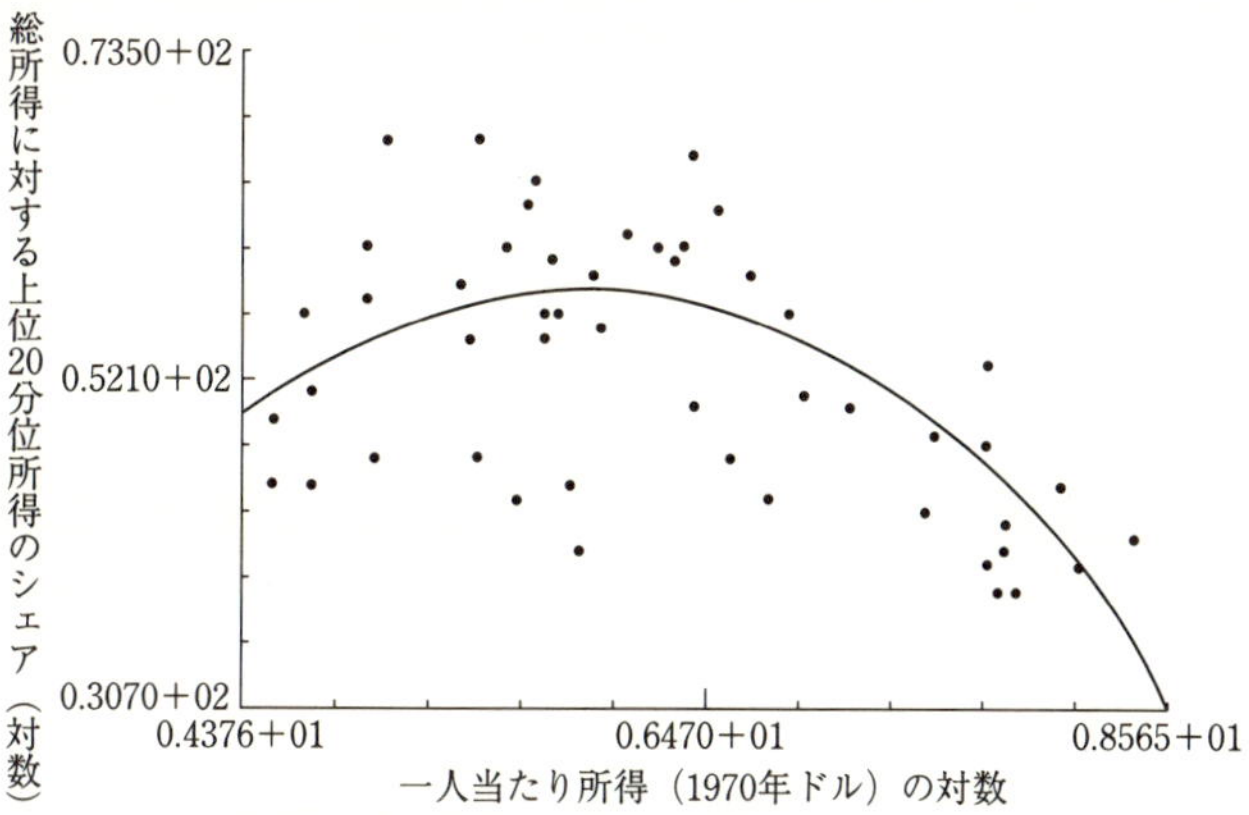

出所：Lindert and Williamson (1985, 図１, p. 344).

その後平等化するというクズネッツ・カーブを支持する現代クロス・セッションについての証拠を発見したと考えた。

図１－１はアルワリアの世銀サンプルにもとづくクズネッツ・カーブを図示したものである。不平等指数として、所得上位二〇％の家計の所得シェアを用いたこのグラフには二次曲線がかなりよく当てはまる。基礎になっているデータには問題がないわけではないし、事実この点は批判された。何人かの人々は実際にこのデータは論争に決着をつけるには不確かすぎると主張した。しかし、データの質の問題に対する読者の立場がどのようなものであれ、図１－１からは二つの教訓が出てくる。第一に、クズネッツ・カーブのより確実な部分は図の右半分にある。つまり、経済発展のより高い段階では一人当たりの所得が増加するにつれて不平等は縮小する。第二に、推定されたクズネッツ・カーブからの各国の乖離は経済発展の低所得・中所得段階において最も大きい。このような証拠を受け入れる人たちはしばしばこの第二点を見落とすが、実はこの点は重要な意味を持っている。つまり、産業革命初期にある諸国のクロス・セクション・データ

をプールした場合、不平等が所得とともに拡大するとは限らない。仮に、近代経済成長の初期にたいていの国で所得分配が不平等化するというデータが出ても、各発展途上国が歴史上与えられた出発点が非常に違う以上、そのような相関関係は弱いものにならざるを得ない。そして、途上国の一部は、その出発点が非常に違うために近代経済成長の初期に不平等化を避けることができるかもしれない。

この点についていま少し敷衍したい。伝統的農業国における生産は、主として土地と非熟練労働という二つのインプットによって行なわれる傾向がある。ところがヨーロッパの旧世界やラテン・アメリカの新世界のような伝統的農業国の一部では、重要な資産保有＝土地保有は高度に集中している。都会における人的資本や物的資本の保有よりはるかに高度に集中している。これらの国では資産と所得の不平等が最も大きい部門が相対的に縮小するのだから工業化のもたらす不平等化の力が、よほど強く働かなければ、全体としての不平等度を増加させることはできない。このような経済は経済発展の初期により高い不平等度を示すだろうが、クズネッツ・カーブでの不平等度の上昇は小さいはずである。逆に、東アジア、アフリア、北アメリカなどの伝統的農業国は経済発展の初期には土地所有の集中が少なく、農業所得の分配はより平等だったであろう。これらの諸国は経済発展の初期には低い不平等指数に恵まれがちであろう。しかし、他の事情が同じならば、クズネッツ・カーブの上では不平等度の上がり方がより大きいかもしれない。ここで「他の事情が同じならば」という条件が重要である。ラテン・アメリカの初期における不平等はラテン・アメリカの産業革命を通じて型通りの不平等な政権を作り出すかもしれないし、また東アジアの初期における平等は東アジアの産業革命を通じて型通りの平等な政権を作り出すかもしれないからである。これらの初期条件や発展の型といった問題は重要であるから、われわれは第3講でこれを再び取り上げるであろう。

図1-1についてこれ以上つけ加えることはあまりない。発展論の文献は、なぜクズネッツ・カーブ

がそもそも現われなければならないのかについてあまり語るところがないからである。データ自身は、そのようなクロス・セクション・データがクズネッツ・カーブを作り出すダイナミックスについては何も語らないし、逆になぜある国がカーブから離れなければならないかについても、語るところはない。どちらの場合も説明に役立つのは歴史である。

三　クズネッツ・カーブ――不平等の歴史

今日の工業国の分配はいつも平等であったか

図1-1のグラフの一番右の端に示されている今日の工業国は、グラフの中央あたりにでてくる今日の新興工業国の大部分よりはるかに所得分配が平等である。しかし、これらの諸国では分配は過去においても平等だったのだろうか、答えはノーである。事実、ヨーロッパとアメリカでは不平等は第一次世界大戦の直前に最もひどかったし、その不平等度は今日の新興工業国中最もひどいブラジルのような国とあまり変わらなかったのである。

世紀の変わり目頃についての現存するデータの質があまりよくないので、不平等の国際比較を確信を持って行なうことはできない。しかし、今世紀初頭には――税にもとづく所得分配や確認された遺言状にもとづく資産分配のデータなど――同種の記録された情報がいくつかの国について存在するから、大ざっぱな比較をすることは可能である。これらの証拠は何を語るか。一九世紀末には不平等度はほとんどどどんな基準で測っても非常に高く、しかもイギリスにおいて最も高かった。今日最高所得者五%が全所得のほとんど五〇%を受け取っているとか、最も豊かな一%の人が全資産の七〇%を持っている途上国を見出すことは難しい。ことによると今日ではペルー、パナマ、ブラジルなどの「悪いラテン・アメ

図1-2　昔と今日の所得不平等：今日の韓国，ブラジルと第一次大戦後のヨーロッパ4国との比較

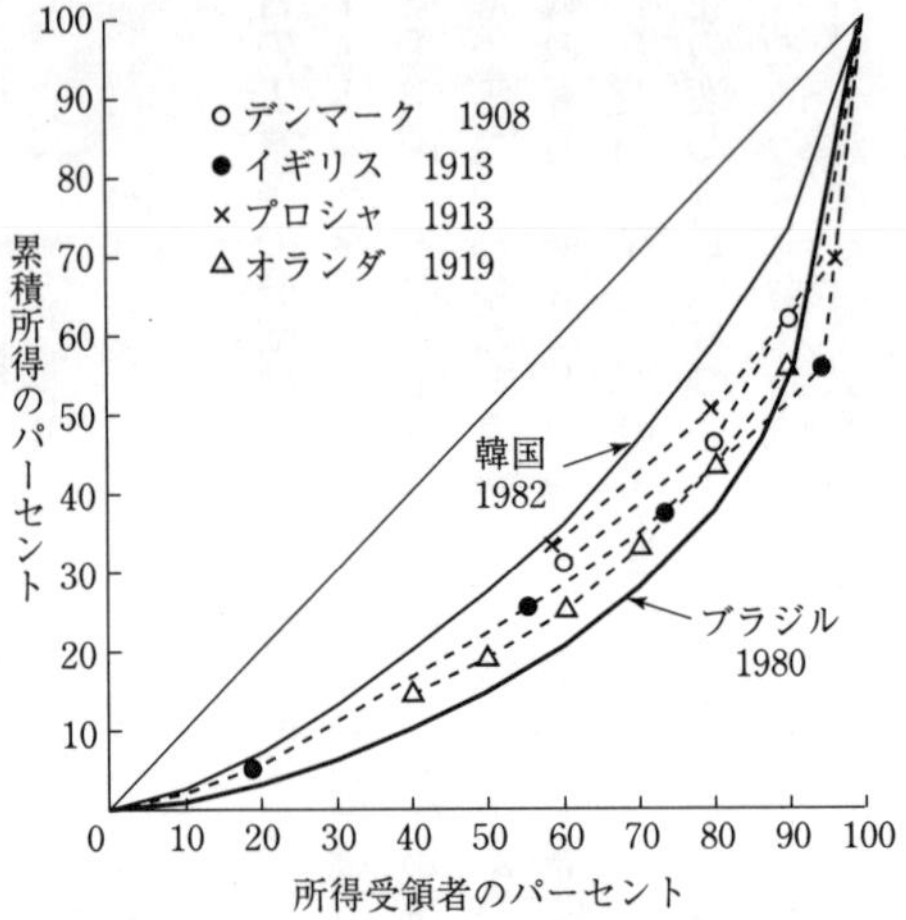

出所：Polak and Williamson (1989, 図2).

リカ諸国」だけがそのようないかがわしい「名誉」に値するであろう。図1-2も同様のことを示唆する。その図には二つの新興工業国——かなり平等な所得分配を持つ「よいアジア」を代表する韓国とひどく不平等な所得分配を持つ「悪いラテン・アメリカ」を代表するブラジルが挙げられている。また、第一次世界大戦の頃のヨーロッパの四つの新興工業国——イギリス（一九一三年）、プロシア（一九一三年）、デンマーク（一九〇八年）、オランダ（一九一九年）——が示されている。これらの諸国はすべてこの二つの極端な例の間に入るが、所得分配上の高所得階層では非常にブラジルに近いようにみえる。要するに今日の工業国の第一次世界大戦頃の不平等度の水準は今日の新興工業国の中でも最も不平等な水準とあまり変わらなかったのである。

クズネッツ・カーブの下降局面と二〇世紀における不平等の歴史

ヨーロッパもアメリカもいつも所得分配が平等

図1-3　クズネッツ・カーブ——主として20世紀の下降局面

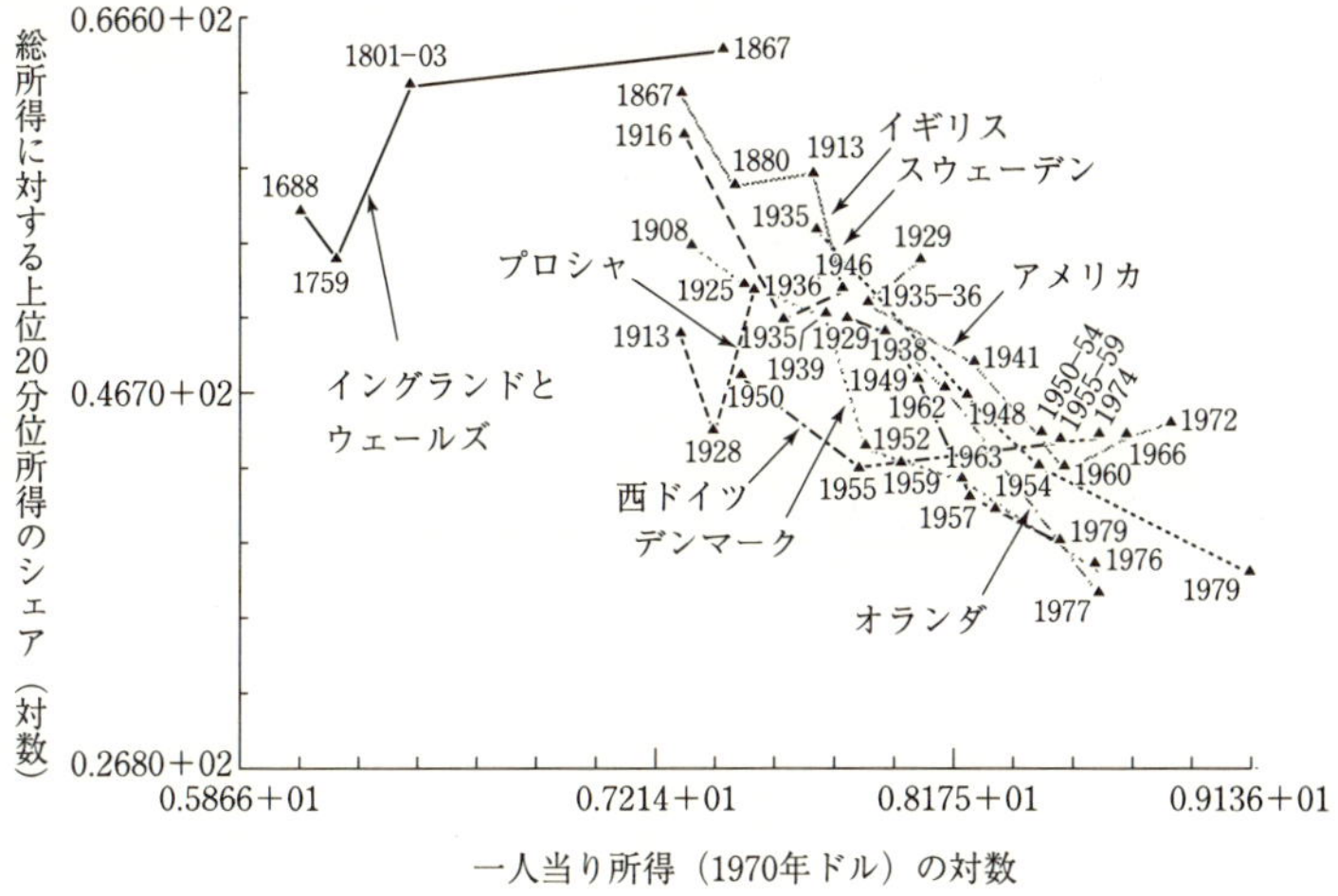

出所：Lindert and Williamson (1985, 図2, p. 345).

だったわけではないように思われる。では平等化はいつはじまったのだろうか、この問いに答えるには、われわれは一九五五年のクズネッツよりもはるかによい証拠を持っている。

アーサー・バーンズが一九二九年以降のアメリカで観察した「革命的な平等化」は、図1-3で示したように、ほとんどすべてのヨーロッパ諸国が経験したところである。図1-3について驚くに値するのは二〇世紀に入ってからの各国のクズネッツ・カーブの動きがきわめて類似していることである。戦間期のドイツだけがやや例外的であるが、それでも全体としての類似は驚くに値する。図1-3の歴史的パターンはなにも特異なものではない。この図の二〇世紀のタイム・シリーズと図1-1の現状におけるクロス・セクションを重ね合わせるならば、クズネッツ・カーブの水準も趨勢も既に図1-1について要約したものと大きく違わない。すなわち、二〇世紀の歴史は国際的なクロス・セクションのデータと一致し、クズネッツの最初の予言と一致する。経済発展の後半の段階では明らかに平等化の傾向がみられるのである。

市場の力と租税・給付について

いままで、われわれが語ってきた不平等は租税・給付を含まない、つまり租税、年金、補助金、政府による財・サービス給付などの影響が及ぶ前の段階についてのことである。この尺度を選んだのには三つの理由がある。第一にそしてもっと現実的なのは、租税・給付前の所得分配についての文献は圧倒的に多いから、比較的評価を行なうのがやさしいということである。第二に、歴史上の一時点の福祉を測るには租税・給付後の所得が確かにすぐれているが、不平等の過程が租税・給付の変化によって説明できるかどうかは必ずしも明らかではない。事実、最近ピーター・リンダート（Lindert, 1989）が展望したように、二〇世紀の工業国については政府の再分配は租税・給付後所得の平等化のごく一部しか説明しないという証拠が少なくないのである。同じことは今日の国際的クロス・セクション比較についてもいえる。平等なイギリスと不平等なブラジルの間の租税・給付後所得のジニ係数の差は、政府の再分配によるところは少なく、大部分は市場で形成される租税・給付前の所得によるものである。第三に、経済学者は租税・給付前の所得の不平等を説明するのにはるかに大きなチャレンジを感じるからである。というのは、租税・給付前所得は要素所得に影響を与える広範なマクロ経済的諸力が複雑にからみあった結果だからである。それにしても、二〇世紀における工業国の租税・給付前の所得の平等化を生み出した同じ市場諸力がより積極的な分配政策をもたらし、平等化傾向の実現を助けているのではないかというのはありうべき主張である。要するに、租税・給付前に働く市場諸力が二〇世紀の工業国における平等化の趨勢の中心にあったのである。

クズネッツ・カーブの上昇局面と一九世紀における不平等の歴史

現在の工業国の多数について二〇世紀に入ってからの平等傾向を確認できるように思われる。これらの諸国はまた一九世紀に工業化する過程で不平等度の上昇を経験し、クズネッツ仮説を確認しただろうか。証拠は多くはないが、少なくとも重要な二つの国、旧世界のイギリスと新世界のアメリカについては詳しい証拠がある。イギリスと最初の産業革命からはじめよう。

証拠についてはいまなお激しい論争があるが、われわれの持っているデータはイギリス資本主義が不平等を生み出したこと、そして不平等度の変化は産業革命と関係がある諸力が作り出したもののように思われることを示唆する。不平等度の上昇は一七六〇年頃から跡づけられ、それはあらゆる種類の所得分配について現われている。つまり、上位所得者の所得シェアは上がり、下位所得者のシェアは下がった。非熟練労働者の実質賃金は比較的安定しており、熟練に伴う付加分が増大して、所得格差が大きくなった。フランスとの戦争はこの過程を一時中断したが、一八一五年以降、不平等化は再開した。イギリスの不平等化は一八六〇年代かその少し後でピークに達したようにみえる。その後、第一次世界大戦までの平等化はそれほど顕著ではなかったが全階層に及んだ。図1‐3が示すように、上位所得者の所得シェアは下がった。さらに、下位所得者のシェアは上がり、非熟練労働者の相対賃金は改善し、熟練に伴う付加分は縮小し、所得格差が縮小した。この解釈を支持するデータの一部は表1‐1に見出される。

マルクスとエンゲルスが最初の攻撃をはじめて以来資本主義と不平等に関する論争が非常に激しいことを思えば、論争参加者のすべてが証拠に満足するとか、すべての証拠が疑いもなくクズネッツ・カーブを確認するなどということはありそうもない。したがって、チャールズ・ファインシュタイン（Feinstein, 1988）が一八六〇年代までの不平等度の拡大は誇張されていることを示す証拠があると信じ

表1-1　イギリスにおける不平等趨勢の推定値，1688—1913年

もととなるジニ係数の数字が得られた年		最下位 40%	所得シェア（%）				アトキンソン指数		
			40~65% group	65~90% group	最上位 10%	最下位 5%	ε = 1.5	ε = 2.5	ε = 4.0
イングランド・ウェールズ									
1688年	0.468	15.4	16.7	26.0	42.0	27.6	0.393	0.491	0.569
1759年	0.487	15.8	14.1	25.8	44.4	31.2	0.399	0.474	0.531
1801～3年	0.519	13.4	13.3	28.0	45.4	29.8	0.450	0.542	0.607
1867年	0.551	14.8	11.7	20.8	52.7	45.1	0.473	0.523	0.562
イギリス									
1867年	0.538	15.2		32.4	52.4	46.8	0.464	0.510	0.547
1880年	0.520	17.0		28.8	54.2	49.4	0.462	0.502	0.532
1913年	0.502	17.2		33.0	49.8	43.8	0.427	0.475	0.522

出所：Williamson (1985a, 4.5, p. 68).

たり、ピーター・リンダート (Lindert, 1986) が一八世紀には富の集中を示す十分な証拠があると考えながら、一九世紀はそうではないと考えたとしても驚くには当たらない。しかし、イギリスにクズネッツ・カーブが当てはまることを示す証拠は十分にあるから、クズネッツ・カーブを引き起こす原因について真剣に考える価値はあろう。

証拠の問題を離れる前に、一つの重要な事実を強調しておかなければならない。一九世紀イギリスにおける不平等の変化の大部分は生産要素に対する報酬――熟練別賃金の構造、労働賃金に対する地代の比率、その他のインプットへの報酬に対する利潤の比率――の変化によって作り出されたものであって、生産要素所有のパターンの変化によって生じたものではないということである。賃金所得不平等度の変化は主として賃金構造の変化によって説明されるのであって、熟練度の低い職種から高い職種への雇用シフトによって説明されるのではない。一八世紀後半、熟練はより広範に分配されるようになったかもしれないが、一八六〇年代以降、所得分配の平等化を押し進めた主たる力は熟練の価値の減価と非熟練労働の不足の相対的な増加であった。同様にフランスとの戦争前後に上位所得者五％の国民所得シェアを増加させたのは、土地所有の集中が進んだ――実際にそのようなことがあったかもしれないが――ためではなく、地代が変化したためであった。蓄積による富の分配の変化は生産要素への報酬率変化の所得分配への影響をさらに強めたかもしれないが、クズネッツ・カーブ上の移動を促し、転換点への到達を助けたのは、生産要素に対する報酬率の初期の変化であった。このことはイギリスのクズネッツ・カーブの説明を求めようとする際に、心しておくべき重要な教訓である。

旧世界についてはこのくらいにして、新世界ではどうだったのだろうか。アメリカはイギリスを悩ました不平等度の上昇を避けることができただろうか。どうもそうではなかったようである。所得分配と富の分配の不平等度は一九世紀はじめに近代経済成長がはじまってから鋭く上昇した。平等化の傾向が現われたのは二〇世紀になって資本主義が成熟しはじめてからのことである。この間、アメリカは七〇年間の著しい不平等、イギリスや先にみたような現代ブラジルが経験したのとあまり変わらない不平等を作り出した。このように、豊かな土地、いわゆる機会の均等、民主的制度そして一九世紀における貧しいものの天国という評判にもかかわらず、アメリカは時に資本主義的発展と切り離せないと考える人もいる経済的不平等を避けることができなかった（Williamson and Lindert, 1980）。

表1－2は、過去二世紀にわたる富の集中指標を要約して、この結論を支持する証拠の一例を示す。所得ないし賃金についての他の証拠もこの傾向を確認し、もっと詳しい情報を与えてくれる。ただし、イギリスの場合と同様、アメリカのデータについても批判者がいないわけではない（Margo and Villaflor, 1987）。

要するに、イギリスとアメリカについてはクズネッツ仮説を少なくとも暫定的に支持するに足る証拠があるように思われる。この二国の不平等の歴史の背後にある数量データ、そして図1－1の現代のクロス・セクション図の背後にある数量データについての論争が今後も続くことは疑いない。しかし、い

表1－2　アメリカの富の不平等（1774～1962年）

	最上位１％のシェア	最上位10％のシェア	ジニ係数
1774年			
自由人家計	12.6％	49.6％	0.642
全家計	14.8	55.1	n. a.
自由人成人男子	12.4	48.7	0.632
全成人男子	13.2	54.3	n. a.
1860年			
自由人成人男子	29.0	73.0	0.832
全成人男子	30.3-35.0	74.6-79.0	n. a.
1870年			
全成人男子	27.0	70.0	0.833
1962年			
全消費家計	15.1	35.7	n. a.

出所：Williamson and Lindert (1980, 表3.1, pp. 38-9).

まやクズネッツの挑戦に応えてクズネッツ・カーブの説明を試みる時が来ていることも確かであろう。つまり、なぜある国は産業革命中に所得の激しい不平等化を経験しがちなのに対して、他の国ではそういうことが起こらないのか、そしてすべての国が経済発展の後の段階で平準化を経験したように思えるが、その理由は何かを問うべき時である。

四　クズネッツ・カーブの説明

生産要素市場に着目して

不平等度の趨勢を生産要素への報酬に触れずに説明することは可能だろうか。それが可能なら生産要素に対する報酬のマクロ構造全体をモデル化するという非常に複雑な作業をしなくてすむであろう。不幸にして、測定された不平等度の大部分は生産要素の相対的報酬率の変化から来ているように思われる。したがって、マクロ・モデリングを避けて通ることはできない。古典派はこのことを十分に心得ていたから、かれらの成長と分配についての動学モデルは労働、土地および資本に帰属する要素所得に注意を向けた。現代の人的資本理論も熟練度による所得構造を作り上げるが、その意味するところは同じである。

クズネッツ自身はかれのカーブが生まれるのは雇用構造の変化によるのかもしれないと考えていたし、シャーマン・ロビンソン（Robinson, 1976）はこの考え方が実際に起こったことを説明するかもしれないと示唆した。絶対に必要な骨格だけにすると、この議論は以下のようなことになる。誰もが五ペソだけ稼いでいる完全に平等な社会を考えよう。なんらかの近代化要因が侵入して、まず一人の幸運な人だけが一〇ペソを獲得するが、それは段々広がってすべての人が一〇ペソ稼ぐまでになるものとする。そうすると、普通使われている不平等指数ならどれを用いても、初期時点の完全な平等から上昇してクズネッツ・カーブを描き、そして後に完全な平等まで戻るであろう。

これは簡潔で優雅な説明であるが、不平等をこの種の職の波及だけで説明するやり方には限界がある。不平等の歴史がこのような力だけで、あるいは主としてこのような力で動いてきたというのは事実に反する。イギリスとアメリカについてみたように、報酬の格差そのものが拡大したり縮小したりするのである。実際、一九世紀のイギリスでは不平等度全体の上昇の半ば以上は熟練による賃金格差の拡大から生じた。同様に、一九二九年以後のアメリカにおける不平等度の縮小の半分以上は賃金格差の縮小によって説明される。

賃金格差の拡大と縮小は広くみられるし、全体の不平等度の趨勢と大体において同じ方向に動いているから、クズネッツ・カーブの理論は近代経済成長においてなぜ賃金格差が最初拡大し、後に縮小するかを説明しなければならないということになる。

次に、人的資本以外の富の分配については何がいえるか。原則的には、富の分配の変化は所得不平等度のいま一つの独立決定要因だと考えることができる。奴隷の解放、農地改革、内戦、国有化などによる富の再分配は近代成長の勢いと多少関係があるかもしれないし、また、いくつかの国の歴史の特異な経験の一部を説明するかもしれないが、それはクズネッツ・カーブ全体を矛盾なく説明することはできない。富の分配の長期趨勢はその前の時期の所得分配の変化の結果であるか、あるいはそれと同時に起こることだとみる方が適切なように思われる。というのは、資産所得を動かす諸力は富の総額や分配をも左右するからである。

そこでわれわれは再び不平等の原因を求めて生産要素市場、なかでも労働市場へ帰ってくることになる。つまり、経済史家も経済発展論研究者も産業革命と人口転換による不均衡のショックを受けた経済で労働市場がどのような影響を受けるかあれこれと考えたのである。例えば、ジャン・ティンバーゲン(Tinbergen, 1975)は工業国で二〇世紀に入ってなぜ所得や賃金が平準化したかを説明するために労働市場のモデルに注意を集中した。以下はそのような伝統に従ったものである。まず、一見マクロ的な現象にみえるクズネッツ・カーブのミクロ的な基礎を求めるのである。さらに、不平等を動かす生産要素の需給要因を探し求めるにあたって、経済成長の型・速度と矛盾しない説明が与えられなければならない。成長と分配はアダム・スミスのトレード・オフ——第3講で扱うもう一つのやっかいな問題——を信じるか否かにかかわらず同時に説明されなければならない。生産要素に対する需給要因は過去においてはどのように作用してクズネッツ・カーブを作り出してきたのだろうか。

労働節約的技術進歩

所得分配の背後で強い力を発揮するかもしれない力として、技術進歩がある生産要素を節約し、他の生産要素の使用を促進する傾向があるかもしれないということがある。非熟練労働の節約を指向する偏りがあれば非熟練労働の雇用機会や賃金を悪化させ、熟練、資本、そして場合によっては土地に対する報酬さえも引き上げられるかもしれない。この考え方は別に新しいものではない。しかし、生産要素需要における歪みに長期的で系統的な変化があったかどうか、そしてそれがクズネッツ・カーブと相関関係があったかどうかについては、データによる検証が必要である。一九世紀アメリカの成長が非常に非熟練労働節約的だったことはわかっており、そして一八六〇年以降のイギリスについても同じことがいえるように思われる。たいていの人は一九五〇年以後の第三世界についても同様だったと主張するであろう。しかし、このような高率の非熟練労働節約は一国が成熟に近づくにつれて減少することを示す証拠はあるだろうか。もちろん、第三世界の経験は短すぎてそれから答えを出すことはできないが、世紀の変わり目頃のイギリスにおける生産性向上鈍化は非熟練労働節約を逆転させたという説と整合的なように思われる。しかし、最も決定的な証拠を提供するのはアメリカである。どの研究も今世紀の初頭から一九二九年まで、経済が強いマクロ労働節約的なバイアスを持ったこと、そしてその後は朝鮮戦争に至るまで技術進歩が中立的かあるいは労働使用的なバイアスを持ったということを見出した。これらの研究は非熟練労働と熟練労働を区別してはいない。しかし、労働節約の時代はとくに非熟練労働節約的だったに違いないと考えてもよかろう。したがって、一九世紀後半のイギリスや一九二九年以後のアメリカではじまったクズネッツ・カーブの下降局面は、マクロの技術進歩がそれに先立つ時代に起こった非熟練労働節約型からスイッチしたことによるものであろう。

この点で立ち止まって、マクロの労働節約とは何かを思い出してみることが肝要である。全体としての労働節約が歴史の上で現われる時には、以下のいずれかの理由による。

一、脱熟練化とよばれるものを含めて――労働の相対的不足がきつくなった時の労働節約。

二、産物に対する需給シフトあるいは生産要素供給諸力のシフトによって工業生産の構成が労働集約的部門から、そうではない部門へシフトする場合。

三、労働集約度の異なる産業間の技術進歩率が違う場合。
四、各産業内で労働節約的技術が導入される場合。

これらのうちの二つはわれわれの場合には無関係だとして直ちに棄却してよい。労働節約の第一の原因はそもそも原因ではなく、相対的な労働不足に対する適応にすぎない。最後のもの――産業内での労働節約――は一〇年、二〇年前には計量経済学者が好んで研究した仮説だが、これらの文献はなんらの歴史的規則性――クズネッツ・カーブもその反対も――も検出しなかったようにみえる。一つずつもう少し詳しく調べることにしよう。

発展の一つの定型化された事実は、経済が農業中心型から先進工業型へ移行するにつれて生産物や雇用の構成にシフトが起こるということである。例えば、農業の生産全体あるいは雇用全体の中でのシェアが収縮するが、そのスピードは当初は遅く、やがて早くなり、産業革命が最高潮に達するにつれてピークに達し、発展段階の後期に構造変化が終わりに近づくにつれて減速する。農業が比較的非熟練労働集約的だとするならば、産業革命の初期に起こる急速で加速度化するマクロの非熟練労働節約の速度は落ちるに違いない。この派生労働需要を動かす力が強ければ、クズネッツ曲線は保証される。

この説明は便利で綺麗であるが、それだけでは十分ではない。このような生産の不均整成長は、エンゲル法則のような国内の内生需要要因がその原因だとすれば、不平等がクズネッツ・カーブをたどって昇降する原因となる外生要因だとみなすわけにはいかない。今日の第三世界で起こっており、前世紀のイギリス、アメリカで起こった顕著な産業構造変化のどれだけが非熟練労働を多用する農業以外で起こった急速な技術進歩で説明できるのか。構造変化のどれだけが資本集約的ないし熟練労働集約的な都市へのバイアスがかかった通商政策や国内政策によって説明でき、どれだけがこれらの部門における有利な世界市場条件によって説明できるのか。どれだけが、家計や所得水準の上昇に応じて需要構造を変化させたのによるのか。ここでポイントとなるのは、構造変化そのものは、それが政策、世界市場、そして私が「不均整的生産性上昇」と呼ぶものなどの外部諸力によって生み出されたものだということを示すことができない限り、不平等度を動かす独立した力ではないということである。さらにわれわれはこれらの外部諸力それ自身がクズネッツ・カーブと相関関係があるということを示さなければならない。このうち有望なのは第2講で取り上げるバイアスであり、もう一つは「不均整的な生産性上昇」である。

多くの文献が過去一五〇年間のアメリカにおける部門別の総要素生産性の上昇パターンを描いている。多くの趨勢は、生産性上昇は資本集約的ないしは、熟練集約的な製造業と運送業で速く大きく、そして労働集約的な農業ではるかに遅れたことが主たる理由になって、一九世紀における労働使用的部門からの生産要素が退出したことを跡づける。今世紀に入っても、同じ労働節約的な部門間インバランスが第一次大戦そして一九二〇年代まで続いた。一九二九～五三年の期間には特に農業が経済の他の部門に追いついたため、部門別の成長パターンはもっとずっと釣り合いのとれたものになった。以下要約すると、不均整的生産性上昇によって引き起こされた労働節約率の上昇と下降はアメリカのクズネッツ・カーブとよく対応しているように思われる。

アメリカの場合ほど調査が完全ではないが、同様のパターンはイギリスでも当てはまったようにみえる。一七八〇年から一八六〇年の間、技術進歩は資本集約的・技術集約的な部門に大変偏っており、労働需要を非熟練労働から退出させた。一八六〇年以降になると、イギリスの技術進歩は生産要素需要効果において前よりもはるかにバランスがとれるようになった。二〇世紀のアメリカと同様、一九世紀後半のイギリスの農業部門は生産性上昇の遅い巨大な非熟練労働産業から、資本集約度や生産性上昇率の平均が他の産業と変わらない部門へ変型した。ここでもまた、よりバランスのとれた生産性上昇への移行のタイミングは歴史におけるクズネッツ・カーブの頂点と一致していた。

アメリカやイギリスの歴史にみられたのと同じ不均整的技術進歩の「古典的」パターンは、他の国でクズネッツ・カーブが現われた場合それを説明する助けになるのではないかと期待させる。開放経済の場合のように生産物に対する需要が弾力的である限り、非農業における急速な技術進歩は農業から生産要素を引き上げる。伝統的な農業は大量の非熟練労働を用い、都市の近代的な諸活動は非熟練労働を少ししか用いないから、非熟練労働に対する需要は資本や熟練に対する需要に比べて弱くなり、非熟練労働者の賃金上昇は遅れ、所得分配の上での最下層の所得シェアが下がり、歴史はクズネッツ・カーブの上昇局面を描く。アメリカとイギリスの歴史は主に、他の事情が同じならば、その技術史が最も不均整だった国、農業の遅れが最もひどかった国でクズネッツ・カーブは最も綺麗に現われるであろうということを示唆する。また、不均整的生産性上昇を避けることに最も成功した国ではクズネッツ・カーブがみられない可能性が最も強い。

移住、人口転換と労働供給

歴史の文献では、人口転換を労働過剰や不平等と結びつけて考えるのは普通のことである。議論は次のように展開される。近代経済成長は弾力的な労働供給、より適切にいえば過剰な非熟練労働を特色とする伝統的農業を基盤にしてはじまる。したがって、工業化初期にありがちな資本蓄積率の加速度化が起こっても、過剰労働のプールが干上がるまでは、非熟練労働者の賃金は上がらない。この転換点は、もし人口的要因が予期されるように働き、マルサス的圧力や移民が当初のプールから人が抜けただけ新しい人口を注入すれば遅らせることでできる。このような状態の下では、非熟練労働者の実質賃金の安定と一人当たり所得の増加が同時に起こり、不平等は拡大するであろう。

この資本主義的成長の古典派モデルが一九世紀初期のイギリス——クズネッツ・カーブの上昇局面に

あるようにみえたイギリス——で貧困と貧民に囲まれたイギリスの経済学者によって作成されたものであることを忘れてはならない。古典派モデルの二〇世紀版に対して批判者があったことは間違いないが、それは第三世界の観察者が、イギリスの古典派経済学者の注意を引きつけたのとまったく同様の問題を分析する際に用いる支配的なパラダイムとなった。このモデルのイギリスへの適用がうまくいくのは、もう一つ人口転換の力が働いていたからである。つまり、主として出産力の上昇であるが、他に幼児死亡率の減少や工業化しつつあるイギリス北部へのアイルランド人の移住ということもあった。

産業革命と前後して起こった出産率の上昇と移民の来住は、所得格差の拡大を二つの点で助長した。まず、それは若年で非熟練の新規参入者によって労働市場を一杯にし、人口と労働力の年齢構成を大きく変えた。そのような年齢構成の変化は、仮に生産要素価格や所得構造が変わらなくても不平等を創り出すが、これはサイモン・クズネッツ（Kuznets, 1976）、サミュエル・モーレー（Morley, 1981）その他人々が指摘したところである。第二に、過剰人口は非熟練労働者の相対賃金を引き下げ、熟練や普通資本に対する報酬を引き上げ、したがって不平等を拡大する。同様にして、産業革命時に移民の対象になった国でも（新世界のように）不平等の拡大とクズネッツ・カーブの上昇局面に直面しがちである。また、同様に産業革命期に（旧世界のように）相当数の移出民を排出した国は不平等の拡大を避けることができただろう。さらに、際だった人口転換が起こった国の方が、そうでなかった国（フランスや日本）よりも、その歴史のデータによって綺麗なクズネッツ・カーブを描きがちである。

アメリカにおける移民と不平等についての研究は大部分不平等と労働供給との間のナマの相関関係の分析にもとづいている。相関関係を見出すだけなら難しいことではない。例えば一八二〇年と一八六〇年の間の労働力成長率が最も高かった時期は、熟練に対するプレミアムが上昇し、賃金格差が拡大した時期であり、労働力成長率が最も低かった一九二九～四八年は賃金・所得の格差が最もドラマティックに縮小した時期であった。この二つに挟まれた時代についてもかなり密接な相関関係が見出される。移民についていえば、外国から到着した新たな人々——比較的非熟練な人々——は南北戦争に先立つ一五年間と一八九〇年代と第一次世界大戦に挟まれた時代にアメリカの労働力の増加に最も大きく寄与した。この二つの時期もアメリカのクズネッツ・カーブの上昇局面に当たり、不平等がとくに激しく広がった時代であった。一九二〇年代の中頃以降、そして移民制限の実施以来、移民の流入が国内労働力増加に占める割合ははるかに小さくなり、アメリカのクズネッツ・カーブ下降転換に寄与したものと思われる。二〇世紀におけるクズネッツ・カーブの下方転換は先進国の大部分で起こっており、人口転換という共通の原因にもとづく人口増加率下落がこれらの諸国で起こったというのも一つの説明であろう。

人的資本の蓄積と熟練の深化

早くも、一八四八年に、ジョン・スチュアート・ミルは、熟練習得の加速度化によって産業革命の創り出した熟練不足とその結果としての賃金格差もやがてなくなるであろうと予言している。この仮説は、一世紀以上テストされることがなかったが、クズネッツ・カーブを理解する上で明らかに役立つ。結局のところゲーリー・ベッカーとセオドア・シュルツが人的資本形成の実証研究をわれわれにはじめさせたのは一九六〇年代になってからのことではなかったか。それ以降、一九世紀アメリカとイギリスについての最近の業績を含めて、労働力の質の変化を裏づける実証研究がまさに洪水のように現われた。

これらの統計は、熟練深化の速度（つまり労働力一人当たりの熟練の増加）が熟練不足、賃金格差、所得不平等とどこまでもよく相関しているということを示唆する。イギリスでは熟練深化の速度は賃金格差拡大の初期には非常に遅かったが、ミルの発言から約一〇年後の一九世紀半ばに速くなった。そして、熟練深化のスピードは一八七〇年代の教育改革に続く時代に——イギリスのクズネッツ・カーブがはじめて下降したのと同じ時代に——目覚しい水準に達した。アメリカの相関関係も同じようにみえる。ただし、転換点は、熟練深化についても所得格差の平準化についてももっと遅く、二〇世紀にかなり入ってから起こっている。この二国の歴史上の証拠は少なくとも一世代の熟練・賃金格差が次世代のより早い熟練蓄積をもたらすという、緩やかな格差解消過程を示唆する。ある国（例えば東アジア）の人的資本蓄積の反応を早め、他の国（例えばラテン・アメリカ）のそれを遅くする制度的・経済的な仕組みによってクズネッツ・カーブはある国では他国よりより目立ったものになる。

資本蓄積の影響

いままでわれわれは資本蓄積についてはなにもいわなかった。その理由は、われわれがかつて簡単明瞭だと考えていたのとは違って、影響がかなり複雑だからである。昔、資本と労働だけで考えればよかった単純な時代には、両者の間の代替の弾力性〔両者の間の代替が容易かどうかを示す弾力性〕が一より小さいと仮定できれば、資本蓄積は労働の取り分を増加させ、不平等を緩和するということができた。現実はより複雑である。とくに、生産要素を三つ——労働、熟練と資本——とし、資本蓄積がどこから来るかを考慮に入れる場合には複雑になる。

われわれの関心が所得と熟練・非熟練の賃金格差に限られている場合には、資本蓄積の効果を予言するのは簡単である。歴史は資本が熟練と補完的であり、非熟練と代替的だということを教えてくれるから、資本ストックの増加は熟練・非熟練賃金格差ならびに所得不平等を拡大させるであろう。さらに、資本ストックの増加は資本財生産部門の相対的な大きさが増大すること、そして国内で生産される資本財が増えることを意味する。歴史の語るところによれば、資本財生産部門は熟練労働集約的であるから、熟練別賃金格差と賃金の不平等が拡大するような力が働く。

われわれの関心が賃金格差から所得不平等に移ると、資本蓄積の不平等への影響を特定することはきわめて難しくなる。国内の節約心が強まったり、外国からの投資の流れが増えたりしたため、貯蓄供給が増加したとしよう。資本供給は増加し、既に述べたような理由で、熟練・非熟練所得格差や賃金所得分配の不平等は拡大するであろう。しかし、資本に対する報酬も同様に低下しよう。資本に対する報酬が低下する一方、賃金所得の不平等は増加するのだから、所得分配全体に対する影響がどうなるかははっきりしない。しかし、資本深化が資本財生産部門を利用するような生産性の不均整的上昇によって資本財供給が改善されたことから起こったとすればどうか。この場合には所得分配は明らかにより不平等になる。賃金格差の拡大と賃金所得不平等化が起こるだけではない。資本に対する報酬率も資本所得のシェアも上がるであろう。最後に資本に対する需要が相対的に増えるのが、外国における価格変動だとか技術進歩だとすれば、この場合も所得分配の不平等化が起こることは保証される。

もとより、資本蓄積の不平等への影響は複雑であり、国によって非常に異なるかもしれない。もしそれが投資需要の長期的拡張あるいは投資財相対価格の外生的下落による場合には不平等化は保証される。しかし、もしそれが国内貯蓄や外資流入の外生的な増加による場合には不平等化は保証されない。第**3**講の主題であるこの要因は、ある国がクズネッツ・カーブに従う一方、他の国が従わないいま一つの理由かもしれない。

このようにクズネッツ・カーブが存在する（あるいは存在しない）ことを説明する三つか四つのもっともらしい力がある。マルクスが主張した労働節約的技術進歩、マルサスが主張した労働供給、ミルが唱導した人的資本の蓄積、そして最後に普通の資本蓄積――ただし、これは最初の二つによって始動させられるものだとすれば独立した要因とは考えられない――がそれである。

しかしながら、もっともらしいということと事実とは別物である。どうやって、これらのもっともらしい説明から正しい説明を選ぶことができるのか。歴史は意地が悪く、独立変数間の相関関係が現われることが多い。産業革命に際しては労働節約の増加、労働力成長率の上昇、資本蓄積率そして、反農民的政策などが相前後して起こった。どうやってこの中のどれを選び、どれを捨てることができるのか。

五　クズネッツ・カーブの説明——歴史からの教訓

不平等の歴史——とくにイギリスとアメリカにおけるそれ——に対する私の見方からすれば産業革命に際して起こった生産要素に対する需要の基本的趨勢に注意を集中すべきだということになる。これらの力を数量的に表わすために、私はCGEモデル〔計算可能な一般均衡モデル〕を作ることを勧める。多部門・多生産要素のCGEモデルは、新古典派的仮定がマクロ的事実を歪めることが最も少なく、生産物のミックス、インプットの使用そして要素所得が主要な関心事であるような長期の分析をするのに最も適している。

このようなCGEモデルがアメリカやイギリスの不平等の歴史に当てはめられる時、何がわかるだろうか。

アメリカの歴史

南北戦争前の不平等の拡大は主として、この数十年に起こった顕著な資本蓄積、急速な労働節約的技術進歩に押されて発生した投資需要の長期にわたるブームによって作り出された急速な資本蓄積によるものであったように思われる。急速な蓄積は所得中位の熟練労働者と所得上位の資本家を二つの点で利した。第一に、どちらかといえば資本と代替的な関係にある非熟練労働者が資本と補完的な関係にある熟練労働者よりも機械化によってとって代わられた。第二に、資本蓄積は一人当たり所得を引き上げるのを助けたが、それはエンゲル法則によって、国民所得の中の農業のシェアを引き下げ、大量の非熟練労働者を解雇した。工業と輸送業との非均整的な技術進歩は資本集約的・技術集約的部門を拡大させ、二つの理由で不平等を拡大させるのを助けた。つまり、直接的には非熟練労働者をほとんど使わない近代部門を拡大し、間接的には資本蓄積を促進し、既に述べたような結果を招くことによってである。

南北戦争の後、一九世紀末に近づくにつれて資本蓄積はやや遅くなり、生産性上昇のアンバランスは多少是正された。これらの変化は、クズネッツ・カーブの上昇局面における不平等の急激な拡大からアメリカのクズネッツ・カーブの高位横行部分で不平等が相対的な安定へと転じるほぼ半分を説明する。人口的変化が残りの大部分を説明する。一部は、初期における移民比率の上昇のために南北戦争前の時代に熟練度が安定的に推移したのに対して、一九世紀後半にはマン・アワー当たりの熟練が著しく増加したことによる。この熟練度の深化と広がりの原因は新しい非熟練移民の総労働力に対する比率の下落によるものであったように思われる。その結果起こった熟練深化の進行は、この世紀の初めに始った所得分配の不平等化の継続を妨げた。

二〇世紀に入って最初の一〇年間は再び賃金格差拡大と賃金・所得不平等の拡大がみられた。しかし、不平等化の拡大は資本蓄積や移民によるものではなかった。格差拡大の再開はむしろ、不均整的な技術革新の再開によるものであった。

一九一〇年代から二〇年代にかけてアメリカの不平等は第一次大戦中は縮小し、戦後になってすぐに拡大して、全体としては変化しなかった。この全体としての安定性には二つの興味ある特徴がある。第一に、部門間の資本集約度は平準化した。その結果、一九〇九年以後の急速な資本蓄積は、資本蓄積が比較的熟練集約的な部門に集まるのではなく、すべての部門に広がることを意味した。結果的にいえば、この「資本集約度の平準化」はアメリカの二〇世紀の構造的変化の経験を理解するのに大いに役立つ。第二に、一九〇九年から一九二九年の成長が生産要素の成長だけによる成長であったとすれば、所得分配平等化の時代は二〇年早くはじまっていたであろう。これは移民と出産とが労働力増加に対して前よりもずっと少ししか貢献しなかったからである。とくに第一次大戦中と一九二〇年代の中頃移民制限の影響が出てからはそうであった。労働力の成長がより遅くなったことと熟練深化の加速度化は賃金格差を縮小させ、所得分配を平準化させるのを助けたはずである。しかし、実際には賃金格差の縮小は起こらなかった。なぜか。技術進歩が再び非常に不均整的になり、多くの熟練とある程度の資本を使うが非熟練労働はほとんど使わない部門で起こったからである。

一九二九年以後、アメリカのクズネッツ・カーブの下降局面がついに現われた時、それは技術的要因と人口的要因が同時に起こった結果であった。総要素生産性の成長は農業とサービス業の一部で加速し、一八四〇年以後のどの時代と比べても各部門でバランスがとれていた。この変化が一九二九年と朝鮮戦争の間の平等化の約半分の原因となった。残りの大部分は出生率の大きな低下、旧世界からの移民の占め出しなどの人口的要因によって説明される。政府支出の増大はほんのわずかの貢献をしたにとどまったようだ。

アラン・ブラインダーその他の人々が指摘したように、租税・給付前の所得分配は朝鮮戦争からレーガン時代までの間きわめて安定していた。二〇世紀の革命的な平準化はなぜ止まったのか。それは主として一八三〇年以後一〇〇年にわたってアメリカにおける不平等を拡大してきた人口的力が再開されたことによるように思われる。その力については多くの読者はよく知っているはずだ。すなわち、労働力の中での既婚女性の増加が比較的低賃金の仕事に供給過剰を作り出したこと、ベビーブーム時代に生まれた人々が同じ結果を作り出したことである。戦後における妻たちとベビーブーム世代の影響はそれを総合すれば所得の平準化を止めるに十分であったが、前の時代の南欧・東欧からの移民の増加に匹敵する大きさのものではなかった。そこで少なくともそれにつれて不平等化が起こるということはなかった。

一九世紀イギリスの経験

工業化の初期にしばしば起こりがちな不平等の拡大は、多くの資本主義国が後進的農業国段階から抜け出す際に通らなければならない不均衡の表われとみることができる。多くの第三世界諸国は、戦後産業革命を経験するに際して不平等を経験したことが記録されているが、一九世紀の資本主義国でなにが起こったかは、古典派経済学者の主張や当時の証人たちの激しい論争にもかかわらず、未だにさだかではない。また初期の不平等のどれだけが人口転換に伴う純粋に人口的な現象だったのかも明らかではない。

アメリカとイギリスだけは不平等が最初に拡大し後に縮小するクズネッツ・カーブを経験したことが明らかなように思われる。既にみたように、イギリスの不平等は一九世紀の中期から後半にピークに達したのに対し、アメリカの不平等は縮小するまでに南北戦争から一九二〇年代まで高原状態にとどまったとみられる。なぜイギリスの平準化はアメリカより半世紀も早くはじまったのだろうか。いずれにしても一九世紀を通じてイギリスのクズネッツ・カーブを推進してきた諸力は、アメリカについてわれわれが確認してきたものと量的に同じものだっただろうか。

アメリカの場合と同じように、不均整な生産性上昇と熟練深化の変化とが一九世紀にイギリスのクズネッツ・カーブを動かした二つの重要な力であった。熟練に対する派生的需要に有利に働いた不均整的な生産性上昇によって動かされた賃金格差と所得不平等とが、ジョン・スチュアート・ミルが一八四八年に主張したように、人的資本への投資を大いにそしていよいよ増加させる動機を作り出すのに役立った。しかし、労働者一人当たりの熟練供給の増加が遅くかつ非弾力的だったのは、貧しい非熟練労働者が所得が低いために対応できなかったことと、政府の対策が不十分だったことによるが、いずれにしても貧しい人たちが人的資本に投資することをはばみ、何十年も不平等が続くことを許した。結局一九世紀末になって需要側の不均衡は是正され、所得不平等化は止まったのである。

イギリスがアメリカより早くクズネッツ・カーブの下降局面に到達したのは、アメリカではそういうことは起こらなかったのに、イギリスでは一九世紀末から二〇世紀初頭にかけて生産性上昇の鈍化が起こったためである。二番目の説明は生産要素供給の側に見出される。すなわち、イギリスは一八五〇年頃以後、つまりアイルランド移民の後は、海外から非熟練労働者の移民を受け入れることがなく、その結果、アメリカより早い時期に熟練進化の速度を速めることができたのであった。

支出側の要因は？

イギリスとアメリカでは、クズネッツ・カーブの上昇局面で貧困者の所得上昇が遅れたが、かれらは自らが消費するものの相対価格が鋭く上昇したため消費の側でも損害を蒙った。つまり、貧困者の賃金上昇を遅らせた同じ諸力が貧困者の生活費をも上げる傾向があった――一九世紀の工業化は貧困者が生産する商品の価格をかれらが消費する価格よりも相対的に安くしたのであった。不均衡な生産性上昇、非弾力的な土地供給、貧困者の利益を損なう政策がこの結果を創り出した決定的な力であった。食料品と住居の相対価格は貧困者――とくに都市の貧困者――の予算では大変重要であったから、このような結論が出る上で決定的な意味を持った。この両者とも所得分配の不平等が大きくなる時期に上昇した。技術進歩は工業で早く、農業や都市の住宅で遅かったので、貧困者にとって最も重要な二つの賃金財の相対価格が上昇した。これらの技術進歩の歪みは、農業や都市の住宅にとってより重要な土地供給が非弾力的なことによってさらに強められた。

六　要約

歴史を眺めてもクズネッツ・カーブの決定的な理論は出てこない。結局のところ、不可避的な経済の運動法則は歴史からは出てこなかったのである。第一に、昔も今も工業化しつつある国家の不平等化を裏づける証拠はあまり強固ではないので、マルクスとエンゲルスが一九世紀初頭にはじめた論争は今世紀に入っても続いている。第二に、経済発展には一つ以上の経路がある。旧世界と新世界を代表するイギリスとアメリカは、ともにクズネッツ・カーブを創り出すことのできる経済的ならびに人口的諸条件を満たしたように思われる。それらは、労働節約的な技術進歩の昇降――その源泉は工業と農業の間の格差を中心とする、私が不均整的技術進歩と呼んだものの昇降であるが――人口転換と外国からの移入民を源泉とする労働力の成長率の昇降、熟練ないしは人的資本深化の大変長い遅れ、そしてその他の力によって引き起こされる蓄積率の昇降であった。すべての国がこれらの条件を満たしたわけではない。われわれが必要とするのはもっと多くの国についての一九世紀、二〇世紀の比較経済史である。それによってはじめて、われわれは経済発展への異なった途が不平等に及ぼす影響やなぜ諸国がそれらの途を選ぶかをよりよく理解できるであろう。

第2講　移住——農村の貧困を逃れて

一　貧困と農村からの移住——常識

農業の没落と工業の興隆が第1講におけるクズネッツ・カーブの歴史的説明の中心であった。この説明には四つの部分があったが、農業の犠牲において工業を利する不均衡な生産性の上昇が、四つの中でも最も重要なものであった。単純化していえば、この議論は生産性の不均整的な上昇に応じて農業に工業が吸収するよりもはるかに多くの非熟練労働を排出させ、熟練労働や資本に対するものよりは非熟練労働に対する需要を減少させたというものであった。不平等の拡大が起こったのは当然であった。この説明はクズネッツ・カーブの伝統に従い、所得の絶対額ではなく相対的な額について展開されている。この第2講では注意は転じて絶対額、すなわち貧困者の数や貧しい労働者の実質所得に向けられる。しかしながら、農業から工業への重心の移動はやはり説明の中心を占め、農村からの移住がその原動力であった。

まず、私が常識だと考えるものからはじめよう。農村からの移住は三つの理由で貧困を軽減する。第一に、それはよりよい職への移動を意味する。都市と農村との間の大きな賃金格差が移住者の生活水準の向上を保証するのである。第二に、それは移住者とその子供にライフ・サイクルを通じて職業の段階を上がっていくのにより有効な機会を提供する（つまり各種の人的資本を蓄積するよりよい機会を提供する）労働市場への移住を意味する。そして第三に、それは後に残るものにとって労働不足を創り出す。もちろん、第四番目の相殺効果は忘れられがちである。それは既に都市に住んでいた非熟練労働者を追い出して、賃金の低いサービス部門へ追いやるということである。

二　常識の問題点

この常識は、貧困削減の第一の源泉――つまり農村と都会との間の賃金格差がある以上、農村から都市に移住してよりよい仕事に就くことが貧困からの逃避を意味するということ――をあまり強調するとうまくゆかなくなるように思われる。クズネッツ自身はこの種の考え方を利用して、産業革命に関する二つの問題点を解決しようと試みた。第一に、クズネッツ・カーブ、そして第二に、停滞的な農業社会から出発して成長が加速度化する原因である。

ここで、第1講で述べたクズネッツ・カーブについての説明を繰り返しておきたい。それは以下のようなものであった。まず、農民全体が貧しく、例えば五ペソの所得しか稼がない農業社会を考えよう。なんらかの近代化の力が導入され、一〇ペソの賃金を払う都市の仕事が生まれ、最初は農村から移住したただ一人の男だけを利するものとしよう。工業化のペースが早まるにつれて、より多くの同種の仕事が創り出され、農村からのより多くの移住者が新しい仕事に就くであろう。最終的にはすべての人が都市に移り、一〇ペソを稼ぐことになる。ふつうの不平等の指標はすべて最初の農業だけの平等から上昇するが、最終的にはすべての人が都会に住む完全な平等へと戻るであろう。この単純なモデルはしたがってクズネッツ・カーブを招き、また工業化が貧困を減少させることを意味し、工業化の速度が速ければ速いほど貧困解消の速度も速くなることを意味する。ただし、このモデルにはすぐに明らかになる欠陥がある。なぜ、都市の仕事は農村の仕事の二倍の所得をもたらすのか。まず、都市の仕事はより多くの人的資本を必要とし、したがって移住者はただ移住するだけではなく、投資もしなければならないものとしよう。だとすれば、移住希望者が農村の貧困から逃れようとしても、投資のための資金を見出すことができないために移住が阻まれるかもしれない。投資を妨げる一つの原因は農村の貧困そのもの、そしてそれが意味する現在の所得水準の低さである。この問題については第3講でさらに触れることにする。第二に、労働市場になんらかの不完全性が生じて賃金格差が生じたのかもしれない。だとすれば、農村の貧困を逃れて移住しようとする人を待ち受けているタダのランチがあることになる。確かに、発展論や歴史の文献の中には第二の見方をとる長い伝統があるから、以下においてそれについてもう少し説明しよう。

クズネッツ、デニソンその他の人々は成長の源泉を求めるにあたってこのような考えを採用した。つまり、経済成長は農工間の賃金格差、平均生産性格差によって示されると考えられる生産要素市場の失敗を除去することによって加速度化することが可能であるし、実際にそうなってきたというのである。これらの諸学者には過去から現在に至る発展途上国で観察される成長のかなりの部分は、賃金格差の意味するハーバーガーの三角形を除去する〔需要曲線・供給曲線・労働量線によって囲まれ、経済の死重を表わす三角形 *American Economic Review* 一九五九年のハーバーガー論文を参照せよ〕だけによって説明されると信じているのである。このような推測は少なくとも誤解を招きがちである。まず、われわれは労働の平均生産性の格差が人的ないし物的な資本集約度の格差によってうまく説明できないということを示されなければならない。もしそのような説明が可能ならば、どこにタダのランチがあるのか。第二に、もし、そのような説明ができないとすれば、賃金格差の原因は何か。もしそれが産業革命と関係するなんらかのショック――都市におけるより早い技術進歩、都市におけるより早い蓄積あるいは農村における重い人口重圧などのショック――によって一時的に作り出される格差だとすれば、この成長の源泉はショックそのものに求められるべきではないだろうか。

われわれはこれらの賃金格差の大きさやそれを作り出す労働市場の力についてもっと研究しなければ、農村の貧困から逃れる手段としての移住の役割について自信のあることをいうわけにはいかない。賃金格差がわかっていたとしても、移住者の数を測るだけで農村の貧困から脱出する過程を明示することはできない。われわれはこれらの移住者の背後に回って、何がかれらを駆り立てて移住させているのかを理解しなければならない。例えば、都市での賃金決定法、農工間の交易条件、政府の支出政策などはすべて技術進歩や蓄積とは非常に違った意味を持っている。もし技術進歩や蓄積が支配的動因だとすれば、移住する人も後に残る人も両者とも利益を得る可能性が大きい。しかし、もし都市賃金の一方的増加、相対価格の変化、工業に利益を与えるような政府支出のバイアスが支配的動因だとすれば、農村に残るものは利益の分け前にあずかることはない。したがって価格政策や都市に有利なバイアスの展開を含めて、何が農村からの移住を歴史的に説明する上で重要かを理解することが大切である。

自分の意図を十分明瞭にさせることができていないかもしれないが、私としては農村からの移住の史的展開について読者がより一般均衡的な考え方をしてくださるように訴えているつもりである。古風な言い方をすれば、われわれは「プッシュとプル」の源泉についてもっと実証的な証拠を必要とする。私は移住者を送り出す地域と受け入れる地域の所得について、推計された係数のことを考えているのではない。この問題については今でも文献が多すぎる。そういった移住についての方程式は一つの内生変数

――移住――をもう一つの変数――賃金格差――に回帰させているにすぎないから、農村の貧困から脱出する移住の過程について何ものも語ってくれない。われわれが必要とするのは、そうではなくて、農村からの移住者を都市へとプッシュないしプルする、都市・農村の基本的労働市場諸力をどう考えたらいいかということである。こういったものの考え方がわかれば、それを産業革命を経験したできるだけ多くの国の歴史的経験に適用するのである。しかし、産業革命中に農村の貧しい人々をプッシュあるいはプルの力によって貧困から脱出させる歴史的な諸力について語る前に、賃金格差そのものにもう少し注意を集中させなければならない。

三　旧世界における賃金格差――その影響はどのようなものだったか

既に強調したように、経済発展論の中心的仮説の一つは、工業化によって生産要素――主として労働――を生産性の低い農業から高い工業に移すことができるというものである。多くの読者に対してこの議論は三〇年以上前にW・アーサー・ルイスによって綺麗に定式化されたものだということを注意するまでもあるまい。しかし、読者はこの労働過剰モデルが労働市場の失敗について二つの仮説を含んでいることを覚えていないかもしれない。すなわち、工業の方が農業より労働の限界生産力が高くなることを可能にする賃金格差と、工業における蓄積がすべて工業内で作り出される資金によって賄われなければならないとする資本市場の不完全性である。最初の項目は、工業化が低生産性の農業から高生産性の工業へと生産要素を移動させ、国民所得を増加させるとともに貧困を減少させることを意味するから必要である。第二の項目は、資本市場の不完全性がなければ、農業における余剰が工業における蓄積に利用され、工業における蓄積に対する重要な制約がなくなるから必要である。

したがって、ルイス・モデルが問題としたのは、要素市場に失敗がある時、経済はどのように発展するかということである。しかしながら、それは、もしこれらの歪みがないとすれば、経済は歴史の上でどのように発展するだろうかということは問題にしなかった。もし賃金の歪みがなければ農村からの移住はもっと早く、工業の労働コストはもっと低く、利潤率はもっと高く、蓄積率はもっと高かったはずである。

われわれが観察する賃金格差は歪みの正しい尺度だろうか。だとしても、それは問題とするに足るほど大きいだろうか。奇妙なことに、こういった疑問に答える実証研究はほとんどない。以下に述べる私の説明はこのギャップを埋めることを試みたものである。それは産業革命時のイギリスについての私の研究（Williamson, 1987）と一八九〇年代から第二次大戦へかけてのアメリカについてのハットンと私の研究（Hatton and Williamson, 1991）にもとづいたものである。二つだけのサンプルでは検討には不十分であるが、それでもそれは私の知る限り議論をはっきりさせるための最善の例なのである。労働過剰モデルは、もとはといえばイギリス古典派の伝統に根ざしたもので、古典派の経済学者はわれわれが分析しようとしている経済について書いていたのだし、もしその議論が戦間期アメリカのような先進工業国に当てはまるとするならば、われわれは議論についてもっと自信を持ってよかろう。

最後に警告しておこう。ここでわれわれは測定された賃金格差を真の不均衡の証拠として捉えているのである。次節ではわれわれはアメリカの歴史的証拠を取り上げ、これを不均衡の証拠とみるのが適切であるかどうかを検討する。

賃金格差と労働市場の失敗

実際にはイギリスの都市建築業の非熟練労働者と農業労働者との間の平均年収ギャップは一九世紀前

半を通じて大きく拡大した。一八二〇年代には工業化のペースは加速度化し、労働に対する派生需要は劇的に農業を離れ、都市の諸活動に向かった。さらに、そして今日の第三世界の大部分とは異なり、労働力の自然成長率は都市よりも農村の方がはるかに高かった。この農村における相対的人口過剰の一部は農村の方が出生率が高かったことによるが、それは主として都市の社会資本への投資が少なく、都市の健康上の環境が悪かったこの時代には都市の方が死亡率が高かったことによる。いずれにしても、農村の超過労働供給と都市の超過需要はこの二つの労働市場をクリアする力としての農村からの移住により大きい挑戦を作り出したから、人口的諸力はイギリスの労働市場に非常に大きい圧力をかけたことになる。産業革命中に労働市場の不均衡が現われるとすれば、イギリスの産業化初期数十年こそまさにそのための機が熟していた。このような不均衡を反映して賃金格差が現われるのは当然だし、事実一八五一年にかけて格差は大きく拡大したのであった。格差はその後この一九世紀半ばのピークを再現することはなかった。労働市場の失敗の証拠を探し求めるなら、一八三〇年代、一八四〇年代、一八五〇年代こそ明らかにそれをなすべき時代である。

一八三〇年代における賃金格差はどのくらい大きかったのか。イギリスの南部ではそれは一〇六%（表2－1参照）だったから、非常に大きかった。イギリス北部では賃金格差はやや小さく、約三六%であった。他の箇所で私はこれらの賃金格差の大きさの地域的差異について説明したが、ここでは二つの地域の加重平均をとればイギリス全体の名目賃金格差が約七三%になるということを指摘しておくだけで十分であろう。

工業化しつつあるすべての国が産業革命に伴う経済的ショックに対応するのが困難だと感じている以上、賃金格差は経済史家・経済発展論研究者の双方がそのような劇的な経済変動に際して予期するようになった生産要素市場における不均衡の表われである。したがって大切なのは他国と比較したときイギ

表2-1　非熟練労働者の名目賃金格差

国・時　代	賃金格差（%）
1830年代の南部イングランド	106.2
1830年代の北部イングランド	36.3
1830年代の全イングランド	73.2
1960～70年代の第三世界	41.4
19世紀後期工業国	51.2

出所：Williamson (1987, 表3).

リスの労働市場の失敗はより大きかったかということである。

クズネッツとルイスが賃金格差は典型的には三〇％程度だっただろうと推測して以来、経済学者は頼りになる証拠を集めるのに努めてきた。表2-1はそれらの結果のうちのいくつかを集録したものである。リン・スクウァィア（Squire, 1981）は一九六〇年代から七〇年代にかけての第三世界諸国の賃金格差が四一％であったということを示した。また、コーリン・クラーク（Clark, 1957）は一九世紀後半工業化しつつあった諸国では五一％だったということを見出した。表2-1には示されていないが、一八九〇年代のアメリカでは賃金格差は約五〇％であった。最初の産業革命中のイギリスの賃金格差は不均衡モデルが予見したであろうように異常に大きかったようにみえる。

名目賃金の格差と実質賃金の格差は別のものであるが、経済学者はその差に対して十分注意を払ってこなかった。もちろん重要なのは後者である。都市では物価が高く、環境が悪いので、そこにみられる非効用に対してなんらかの補償が必要なこと、そして、田舎では農閑期に労働者の所得を補う貧困者救済が与えられたことを考慮すれば、イギリスの賃金格差のかなりの部分は消えてしまう。イギリス全体としての名目賃金の格差が七三％であったのに対して、実質賃金の格差は約三三％でずっと小さく、クズネッツやルイスが推定した三〇％に驚くほど近かった。名目賃金の格差のかなりの部分は見かけだけのものだが、正しく計測してもそれがなくなっ

表2-2　イングランドとウエールズ農村の移民率（1811～1861年）

期　　間	期初の農村人口（千人）	5年間の移民数（千人）	移民率（%）
1811～16年	6,268	181	0.59
1816～21年	6,572	281	0.87
1821～26年	6,895	397	1.19
1826～31年	7,174	399	1.14
1831～36年	7,339	364	1.01
1836～41年	7,575	442	1.20
1841～46年	7,740	583	1.57
1846～51年	7,776	646	1.73
1851～56年	7,699	571	1.54
1856～61年	7,745	594	1.60

出所：Williamson (1987, p. 50).

てしまうというわけではない。労働市場の失敗は最初の産業革命の一つの特色であった。

移住による対応

一八二〇年代頃から、工業化の加速度化と結びついた労働市場不均衡に対応して農村からの移住がはじまったようにみえる。表2-2はイギリスの農村からの移住の速度が一八四〇年代にかけて劇的に上昇したことを示す。この時期の移住の速度はどのような標準で測っても速かった。それは一八一二年以降年率にして約〇・九から一・六％の間にあったが、一九六〇年代と一九七〇年代の第三世界における速度は一・二％以下であった。しかしながら、われわれの問題にとってより重要だったのは農村からの移住速度がこの期間に賃金格差の趨勢を追って大きく上昇したことである。一八四〇年代には移住速度は一七一〇年代の速度のほとんど三倍であった。

一八三〇年代は、賃金格差がまたさらに大きく拡大して、移住の対象となる人々に強い誘因を与えていた時期のただ中にあった。しかし、移住者の反応は都市と田舎との間の賃金格差を除去するどころか縮小させることもできなかったようにみえる。

図２－１　両セクターにおける賃金格差の（部分的）一般均衡分析

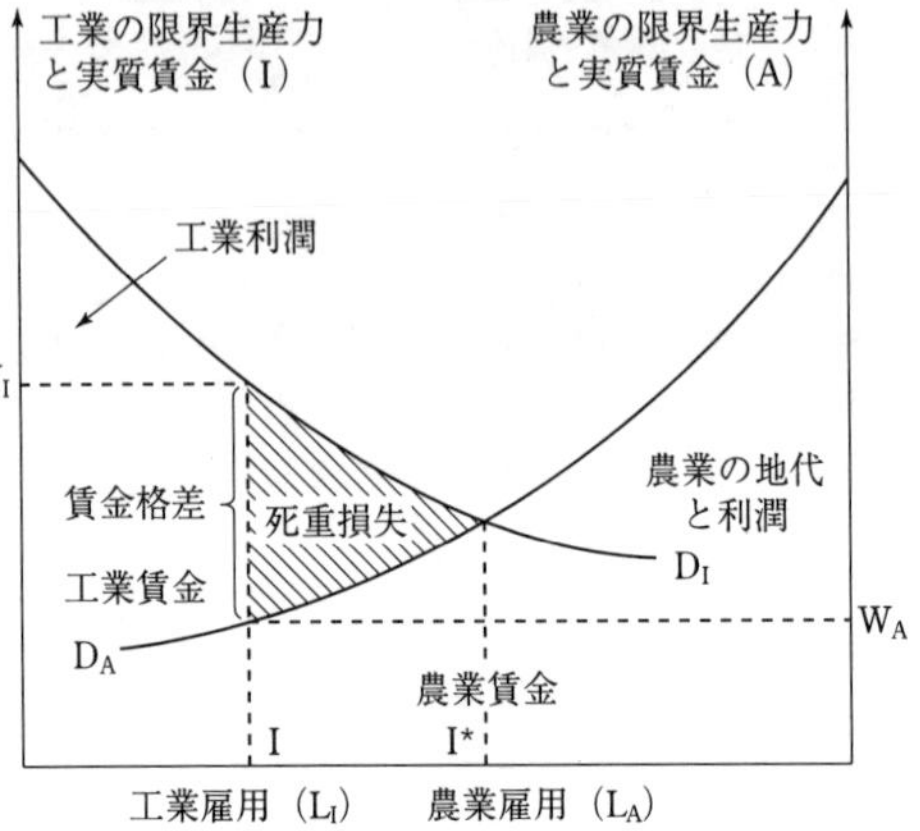

国民所得上の死重損失――部分均衡分析

このような賃金格差は数量的に重要であったか。イギリスの生産要素市場の失敗はどの程度のものだったか。もし一八三〇年代イギリスでもっと最適に近い労働の配分があったとすれば、国民所得はもっとずっと大きく、工業化ははるかに早く進行し、農村からの移住はさらに劇的だっただろうか。もちろん、これらに対する肯定的な解答は賃金格差が不均衡を表すことを前提にする。実はそうではなかったかもしれない。しかし、効率賃金説や不均衡賃金格差説の唱導者と対決する前に、それが重要な問題かどうかを考えてみた方がよかろう。

この命題は、しばらく前にハーベイ・ライベンシュタイン（Leibenstein, 1957）とクリス・ドハティ＝マーセロ・セロウスキー（Dougherty and Selowsky, 1973）がいくつかの第三世界諸国について試したように図２－１に表されているような分析をすることによって明らかにされる。この見慣れた図は賃金格差が存在する時の農工間の雇用分配を示す。後にみるように、図２－１の部分均衡的仮定は真剣な実証研究のためには単純すぎる。しかし二つの派生労働需要関数が与えられれば、賃金格差に伴う——ハーバーガーの三角形と呼ばれる——死重損失は斜線を引いた地域の面積として計算される。

この単純な部分均衡分析を一八三〇年代のイギリスに適用する時、どういう結果が出るであろうか。死重損失は国民所得の約〇・五％に当たることがわかる。これは、応用財政学や労働経済学の文献によく出てくるものと同じように小さい数字である。このような数字をもとにして、イギリスの労働市場の失敗を責める議論ができるようには思えない。したがって、一九三〇年代以後の労働市場の改善が——サイモン・クズネッツや成長会計分析の研究者がなんというかは別にして——その世紀の終わりまでの成長パフォーマンスを大きく改善したであろうということもありえない。これは強調するに値する。成長の源泉についての一連の著述の中で、エドワード・デニソン（Denison, 1967 : Denison and Chung 1976）は、第二次大戦後の労働の再分配は日本や多くのヨーロッパ諸国の高度成長に貢献するところが大きかったと主張した。イギリスの経験は反対のことを示唆する。もし、産業革命によって創り出された労働市場の不均衡が小さい死重損失だけを意味するとすれば、その損失の除去がその後の成長に大きく貢献するというようなことがありえようか。そして、一八三〇年代におけるイギリスの賃金格差が第三世界のそれよりも大きかったとすれば、労働市場の歪みを除去してみても現代のアジア、アフリカ、ラテン・アメリカにとっても大した違いは生じないのである。

もし、産業革命期の労働市場の失敗が普通の国民に大した損失を与えなかったとすれば、なぜ経済史家や経済発展論研究者はそのことで大騒ぎをするのか。われわれは死重損失についての部分均衡的比較分析によってまどわされてきたのか。

図2-2　賃金格差の（部分的）一般均衡分析
誰が得をし誰が損をするか

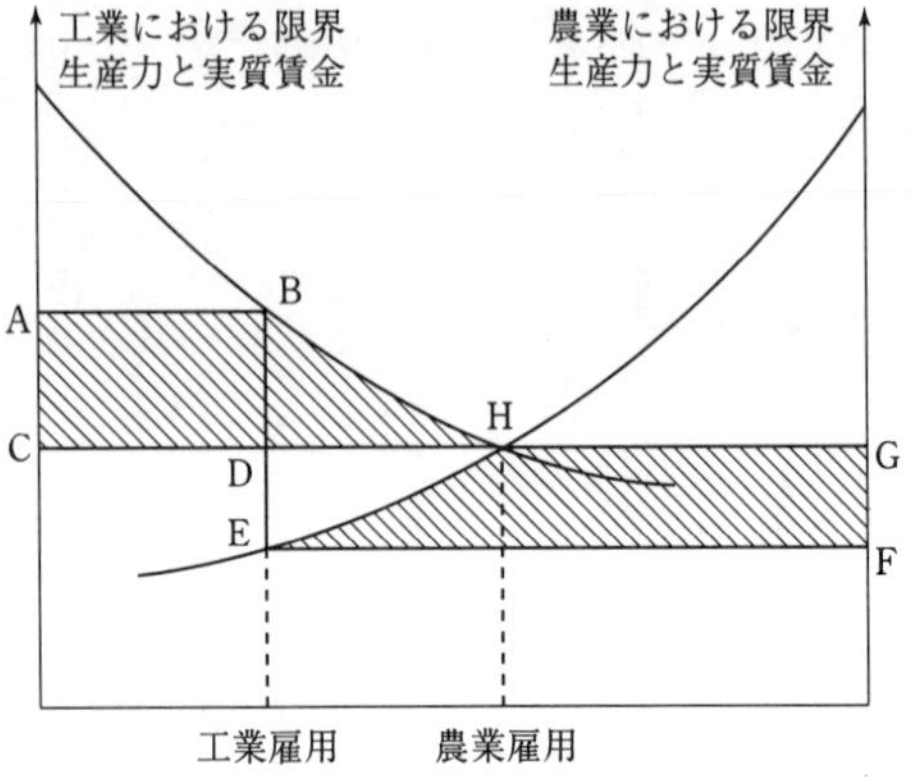

労働市場の失敗にもとづく一般均衡分析

労働市場の失敗にもとづく部分均衡的死重損失が問題とするに足りない大きさだったとしても、一般均衡的効果、分配上の効果、長期にわたる蓄積への影響はもっとずっと大きかったかもしれない。図2-2はまさに誰が利益を得、誰が損失を蒙るかを明らかにする。歪みがなかったとすれば、賃金は農業で上がり、工業で下がっていたはずである。したがって農業地代は（EHGFだけ）減少し、工業利潤は（ABHCだけ）増加していたであろう。労働者は農業で得をして工業で損をするが、差し引き変化額はDGFEマイナスABDCに当たり、それがプラスかマイナスかはわからない。図2-2は、単純な死重損失の計算で労働市場失敗の所得分配、工業化や蓄積に及ぼす影響の重要性を推定したならば大変間違った結果を得ることになることを示す。古典派型の消費法則が当てはまる限り、工業資本の蓄積は賃金格差の存在によって著しく妨げられたことになる。つまり、もし工業利潤からの再投資率の方が農業地代からの再投資率よりもはるかに高かったとするならば、全体としての貯蓄は労働市場の失敗がある場合には少なくなり、そして経済全体の蓄積率も低かったはずである。仮に古典派型の消費法則が当てはまらなくても、資本市場が不完全だったとすれば、労働市場の失敗に伴って利潤率が低かったはずだから、工業における蓄積がより低いものだったことが保証される。その結果、農村から移住してくる可能性のある人のための都会における職の創造の速度も遅かったであろう。

四　新世界における賃金格差――それを説明するのは何か

注意を旧世界から新世界へと転じるにあたって、研究対象に二つの新しい質問を加えよう。その一は、賃金格差が本当に都市と農村との間の不均衡を反映しているかというものであり、その二は、農村にいる貧しい人々のうちそんなに多くの人々が農村の貧困から脱出する有効な手段を無視するのかというものである。この問題については経済学者は二つの陣営に分かれる。

ヘーゲンの動態的歪み

一九五八年までには経済発展論の初期パイオニアたちは賃金格差のことをよく知っており、賃金格差は発展戦略についての論争の中心的な課題であった。エベレット・ヘーゲンはこの年「保護主義の経済的正当化」〔*Quarterly Journal of Economics*, 1958〕と題する重要な論文を発表している。ヘーゲンの説明は大変強力だった。かれは、この種の賃金格差は労働に対する派生需要の不均整的成長の結果だと理解した。急速な工業化は都市部門で労働に対する超過需要を創り出す一方、停滞的な農業は農業部門で超過供給を創り出す。移住はいかなる年においてもこの二つの市場をクリアするには足りないから、そして、不均整成長は毎年続くから、賃金格差が発生する。不均整的成長の速度が速いほど、賃金格差は大きくなる。

ヘーゲンの主張にとって中心的なことは、賃金格差が賃金の真の歪みを反映しているという議論を確立することであった。というのは、もしそうなら工業化を促進するための積極的な介入政策が要請されることになるからである。賃金の歪みに訴えることによって、ヘーゲンはハバラーとヴァイナーの主張〔新古典派理論にもとづく自由化擁護論〕を大きく利用しながら、幼稚産業保護論に支えを与えることができたであろう。賃金の歪みは（人為的に労働費用を高め）、工業製品の価格を上げて内外市場で製品が売れなくなる傾向があるから、政府が歪みを是正するために介入することが許されることになる。

失業、トダロと均衡的賃金格差

他の経済学者たちはこの見解に同調せず、そうではなくて見落とされている他の要因が賃金格差を説明するとし、さらに賃金格差は労働市場の均衡を反映していると考えた。見落とされている要因の一つは失業であった。

最初に第三世界の都市における失業に着目したのはW・アーサー・ルイスであった。これは、かれがアメリカ経済学会の一九六五年度リチャード・T・イリー記念講演で取り上げた中心的な課題であった。四年後、マイケル・トダロ（Todaro, 1969）がルイスの議論を定式化する理論を開発した。その後二〇年間にわたってトダロ・モデルとそれを発展させたモデルがかなりの人気を維持した。経済発展論の文献の中で長い歴史を持つモデルについて詳しく述べることは躊躇するが、読者の中にはこれを思い出すために説明を必要とする人がいるかもしれない。最も有効な図表的表現は図２‐３に再録されたマックス・コーデン＝ロナルド・フィンドレー（Corden and Findley, 1975）論文の中に見出される。賃金硬直性なしという条件の下での移住による賃金平等化という最も極端な仮定の下では、均衡はＥ（AA、と

図２-３　コーデンとフィンドレーによるトダロ・モデル

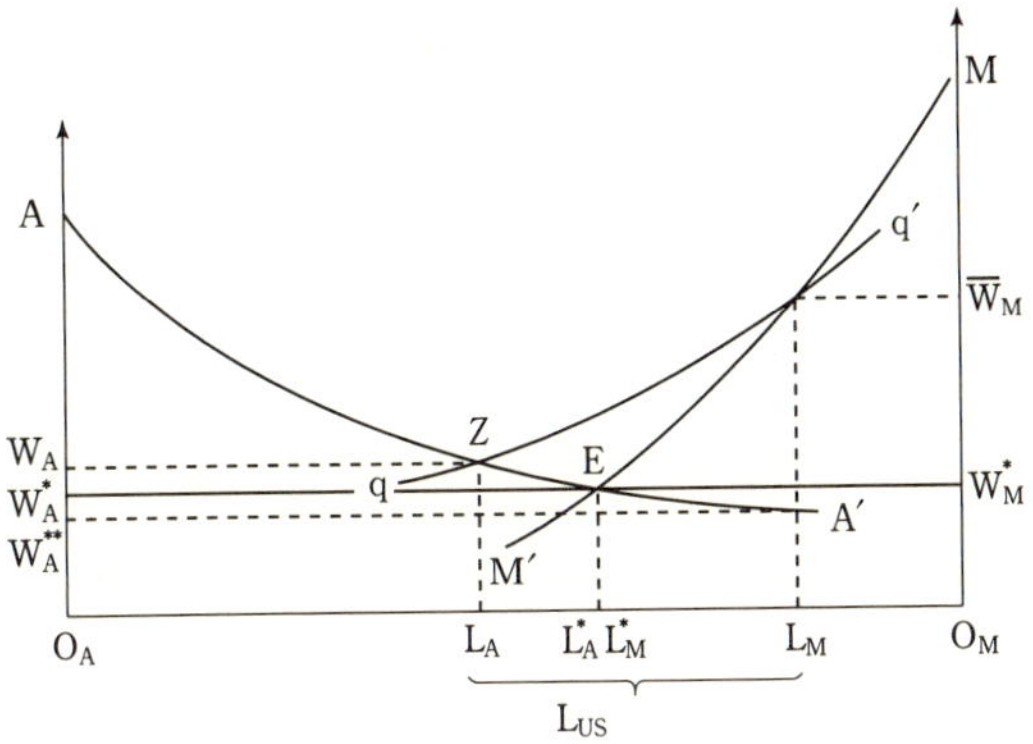

MM′という二つの労働需要曲線の交点）で実現される。Mが工業、Aが農業を指すとして、賃金（W）は $W_A^*=W_M^*$ で等しくなり、総労働力（L）のうち都市の職業に雇用されるものは $O_ML_M^*$ である。前にみたように今日の第三世界では両部門の賃金は同じではないから、モデルは工業賃金が組合、最低賃金法、高い政府部門の賃金の影響が民間に及ぶことなどを通じて、例えば $\overline{W}_M$ という異常に高い水準に固定されているという広く信じられている考え方を受け入れている。言い換えれば、トダロは二つの労働市場――グレッグ・ルイスが保護されない部門と保護された部門と呼んだ二つの市場に賃金は農業では弾力的で工業では固定的だという非対称性を導入したのである。いま、都市における失業がないものとすれば、工業において有利な条件で雇用されなかった人々は W_A^{**} という低賃金で農業に雇用されることを選ぶであろう。ここで、都市に失業が存在するという現実をつけ加えよう。トダロは、最も単純な形でいえば、条件のよい職はくじ引きで割り当てられる、つまり、都市への移住を考慮している人々はこのくじ引き券の期待価値を計算し、それを農業部門にとどまれば確実に得られる雇用機会と比較するという期待仮説を導入する。そうすると、都市での期待賃金が農業賃金

と等しくなる点まで移住が起こる。よい条件で職を得る確率を単純に一マイナス都市失業率に等しいと仮定すれば、移住行動の構造方程式は図2－3の上のqq′カーブ（弾力性一を表わす）によって示される。そして均衡農業賃金はW_Aによって与えられる。

図2－3のZという均衡点は都市と農村の間にみられる賃金格差の新しい説明、ヘーゲン仮説と競争する新しい説明を表わす。ヘーゲンが賃金格差を動態的不均衡の表現とみるのに対して、トダロはこれを均衡を表わす結果だとみるのである。どちらが正しいのか。その答えによって大きな違いが出てくる。

賃金格差についての二〇世紀アメリカの経験

奇妙なことに、私が知る限り、この二つの競合的な仮説を時系列データでフォーマルに検証することは行なわれなかった。さらに驚くべきことは、トダロ・モデルは今日の第三世界の問題を説明するために作られたものであるが、モデルの知的源泉は約四〇年前の戦間期アメリカの賃金格差を研究していた農業経済学者にあったということである。トダロ自身は、一九三〇年代に異常に大きい賃金格差を示したアメリカの経験のことを書いているから、この伝統のことを意識していた。生計費格差について調整した非熟練労働の農村＝都市賃金格差は図2－4に示されている。一八九〇年から一九四一年までの五〇年間における変動は驚くべきものがある。しかも、これは均衡賃金モデルが説明を迫られた証拠としては最初のケースなのである。もし、賃金格差が賃金均衡化の結果得られた格差として捉えられるべきだとすれば、なぜ、均衡は時代によってこれほど大きく変化しなければならないのか。（同じ結果は先にみた通り一〇〇年前のイギリスの産業革命でも起こっていたが。）どのようにしてわれわれは、一八九〇年代の比較的低水準から発して、農業賃金の相対比率が第一次大戦末まで一貫して上がったこと、戦争直後のその劇的な下落、そして一九三〇年代のさらに低い水準への崩落を説明すればいいのか。実

図２－４　実質賃金格差，修正されたトダロの格差，真のヘーゲン不均衡（1890～1941年）

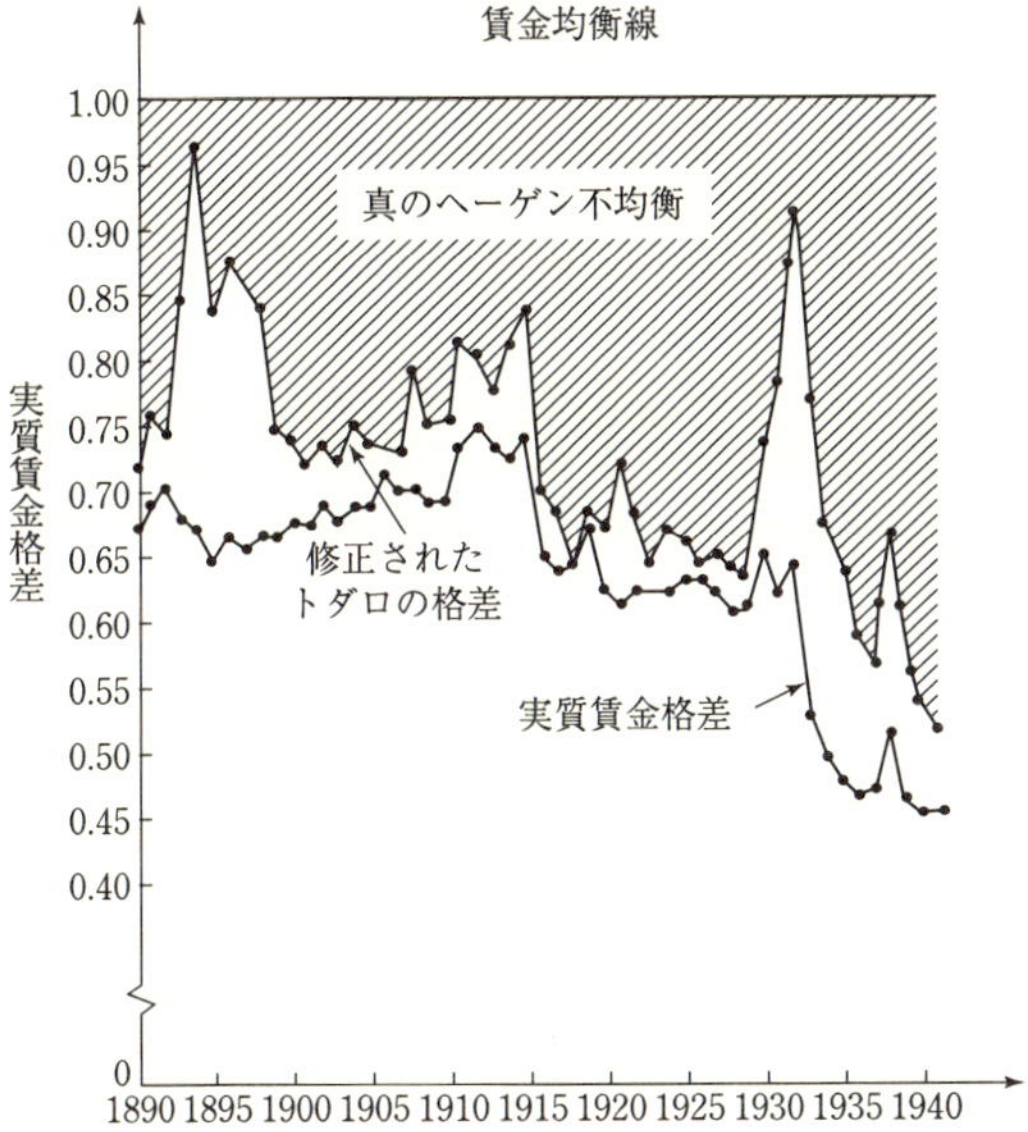

出所：Hatton and Williamson (1992, 図３).

際、一九三九年には、賃金格差は一二〇％になっており、一八三〇年代のイギリスよりもさらにはるかに大きかったのである。

もちろん、戦間期における賃金格差の拡大（つまり農業賃金の相対比率の縮小）を図２－３を用いて説明することは理論的には可能である。もし交易条件が――第一次大戦後世界的に起こったように――急激に農業に不利に動くとすれば AA' カーブは左下方にシフトし、賃金格差は拡大し、都市の失業は増加する。また、一九二九年以後に確かに起こったように、工業が不況に陥りながら、硬直的な都市賃金が期待されるのであれば、MM' カーブは右下方にシフトし、賃金格差は拡大し、都市の失業は増加する。もし、ショックが永続するならば、大きい賃金格差も維持されるだろう。しかし、均衡モデルにもとづくようなショックは果たして観察される賃金格差の顕著な拡大を説明できるだろうか。実際――トダロ・モデルのような――均衡モデルは、生計費の差と都市における失業の双方を考慮に入れてもなお大きい賃金格差が残るのはなぜかを説明しなければならない。図2-4において、そのような大ざっぱな調整を行なっても、「純粋にヘーゲン的な賃金格差」は残り、五〇年間を通じて後の時代になるほど大きくなっている。

ティム・ハットンと私は最近、図2-3の背後にある構造方程式を労働市場の出す信号に移住が応えるに際して遅れを含む誘導型モデルに翻訳することによって、これらの問題に答えようと試みた（Hatton and Williamson, 1992）。トダロの構造方程式をそれだけ取り出して調べると、都市における失業が賃金格差を左右したという結果が出てくることがわかる。しかし、調整の遅れは非常に長いので、不均衡にもとづく賃金格差は少なくとも五年間は残存するであろう。そして、トダロの構造方程式をモデル全体の中に嵌め込んでみると、賃金格差と都市失業の双方を動かすショックが何であるかを確認することができた。これらの仮定に際してその原因の大部分を説明する三つの基本的ショックが存在した。（第一次大戦後に著しく悪化した）農業の交易条件、（戦間期の景気循環ならびに一九三〇年代の世界的工業不況と相関関係を持った）工業労働に対する派生需要、そして（工業雇用における硬直的名目賃金と正の相関関係を持ち、工業労働に対する派生需要のシフトに逆相関していた）都市における実質賃金ショックの三者である。アメリカの都市への外国からの移民の有無も農村からの移住者を締め出したり、入れたりする上で第二義的ではあったが、ある程度の役割を果たした。

この分析から三つの主要な結論が引き出せる。第一に、アメリカ合衆国のような先進経済においても賃金格差は真の不均衡諸力を反映していた。農村からの移住は、短期的・中期的には市場からの信号に対して非常に非弾力的にしか反応しないから、都市における失業の存在を考慮しても大変長い間賃金格差が存在することが可能になる。第二に、これら二つの労働市場は事実トダロが示唆したような相反する特徴――工業における硬直的賃金と農業における弾力的賃金――を持っている。当時の人々が農業部門を「工業の労働予備軍」、都市部門が景気がよい時に農村からの労働供給に依存し、不況になればこれを送り返すことによって賃金調整を農業にさせることができるような労働予備軍とみていたのは正しかった。

結果的には戦間期のアメリカにはヘーゲン型の賃金の長期的な歪みを創り出した二つの主要なマクロ的ショックが存在した。世界商品市場で創り出される部門間交易条件のショックと工業における恐慌によって創り出される工業労働への派生需要のショックである。

五　長期における農村からの移住を動かす要因

均衡対不均衡論争に対する立場は別として、われわれは長期における農村からの移住の決定要因を整理しておく必要がある。そしてどの移住モデルを好むかは別として、今日の第三世界や一九世紀初頭のイギリスにおける都市成長や農村からの移住についての論争の裏にひそむ中心的な疑問は農村からの都市への移住者をプッシュないしプルする原因となる諸力の数量的重要性である。産業革命の長い歴史を通じてどの力が仕事の大部分をしてきたのか。そして、貧困な人々はそれらの力によってどのような影響を受けてきたのだろうか。

プッシュとプル――諸力のメニュー

三つの力が歴史家、経済発展論研究者の双方によって強調されてきた。第一に、マイケル・リプトン

(Lipton, 1976) の都市擁護の政策バイアスがある。これはずっと前にセオドア・シュルツが提起して以来多くの人が主張してきた反農業的な国内商業政策に主として表われている。第二に、工業に有利な不均整的技術進歩がある。これは都市における急速な資本蓄積によって実現されたが、このことは第1講における議論の中心であった。第三に、農村からの移住者を都市の職業へと追いやるマルサス的諸力がある。他にも歴史家の注意を引きつけてきた要因は多いが、過去におけるその影響力はたいして大きくなかった。この論争でとくに目立つものを三つほど挙げよう。農業労働力を都市に追いやった過去の緑の革命における農業資本労働比率の外生的上昇や農村における制度的変化――マルクスがイギリスの囲い込み運動との関連において強調した要因、リプトンが強調した都市を優遇する資金配分――ただし、この要因は一九世紀に工業化した諸国ではあまりみられなかったが――そして、すべての人が強調した農村における土地不足の深刻化である。

当初に挙げた三つの力が重要なものだったように思われる。もっとも、これらは農村から都市への移住については同じ意味を持っていたが、農村と都市の貧困者の生活水準の趨勢については大変違ったことを意味した。最初に二つの供給側の条件、つまり不均整な総要素生産性の上昇とマルサス的圧力について考えよう。

これらの供給側の条件が都市の成長や農村からの移住といった経験の中心にあったように思われるが、需要も決して無関係だったわけではない。ただし、重要だったのは所得弾力性やエンゲル法則ではなく、価格弾力性であった。というのは、もし生産物への需要が比較的価格弾力的ならば、総要素生産性の成長は相対価格の低落よりは弾力的な供給の対応を創り出す傾向があるからである。この区別は重要である。というのは費用を減少させるような革新は、需要が非弾力的な場合には価格下落の形で消費者を利するからである。すなわち、技術的に動態的な部門で用いられる生産要素の物的限界生産力の上昇の一部は、価格下落によって相殺され、その結果、限界価値生産力の上昇幅は小さくなり、労働を含む生産要素の移動もより小さくなるのである。しかし、平均して、都市部門の総要素生産性成長率が比較的高く、そして都市の生産物への需要が比較的価格弾力的だとすれば、最終需要は動態的部門に向かい、都市雇用への派生需要は増加し、都市の求人需要が生じ、農村からの移住がこれに応え、そして都市の成長が起こるのである。都市生産物への需要の価格弾力性が高ければ、都市の成長率そして近代部門に有利な不均整的生産性上昇の移住への影響はそれだけ大きくなる。経済が外国貿易に対してよく開かれていれば、これらの条件が満たされる可能性はそれだけ大きくなる。貧困な人々は、都市に住むものも農村に住むものもこの過程で利益を受ける。都市ではよい職が創られ、農村からの移住者がこれを活用する。都市では実質賃金が上がるが、農村からの人口流出が労働不足を創り出すにつれて、そこでも実質賃金が上がる。そして、農村における貧困な耕作者は交易条件の改善につれてさらに利益を受ける。

都市におけるこれらの一見無害な技術進歩は、誰が成長から利益を受けるかということについてのわれわれの理解に強く影響する。例えば、一九五〇年代にバート・ホズリッツ（Hoselitz, 1957）がはじめたいわゆる「過剰都市化」についての論争について考えよう。かれの理論は発展途上国では都市化が工業化を上回っており、都市人口比率が非農業雇用比率に比べて大きすぎる、少なくとも今日の先進国の一九世紀における歴史的経験に比べて大きすぎるというものであった。かれは、今日の第三世界では、農業労働を非農業のよい職に吸収できるよりも早いスピードで都市へ押し出し、都市のサービス業におけるインフォーマル部門に属する人口の数を増やすようななんらかの力が働いているに違いないと結論した。農村からの人口プッシュを説明する有力な候補は、一九世紀のそれに比べはるかに急激な今日の産業革命における人口増加にもとづく異常なマルサス的圧力であった。

もし、マルサス的力がすべてを決定しているとすれば、農村からの移住を農村の貧困からの急速な逃避の指標として使うことはとうていできない。結局、その場合には都市も農村も労働過剰になっており、双方で生活水準が下がることになる。もちろん、農村における貧困者がなんらかの事情で農村過剰人口から逃れることができなければ事態はさらに悪くなるだろうが。実証によって決定されるべき重要な問題は、農村からの急速な移住が一九世紀も今日も産業革命にもとづくマルサス的人口転換によって生じているのかどうかということである。実際、第三世界における人口移動と都市の成長についての通俗的報道はしばしば高い人口増加率が問題の核心にあるということを示唆する。この説はもっともらしくみえるが、この常識は最近まで適切な検証を受けることがなかった。

最後に、都市と農村との間の交易条件の問題はどうなっているのか。都市の工業製品の相対価格は過去三〇年間下がってきた。ただし、第三世界における都市化と農村からの移住がとくに速かった一九六〇年代と一九七〇年代初頭においては相対価格の下落は比較的小さかった。しかし、この交易条件変化のどれだけが、第三世界そのものにおけるダイナミックな技術的ないし蓄積上の力が都市での生産を利することによって起こされたのか。そのうちのどれだけが世界市場の条件の外生的変化によってもたらされたのか。農村からの移住と貧困者の生活水準とに及ぼす影響を知るためにはこれらの疑問に対する解答が必要である。いずれにしても、農業の交易条件の変化は、一国の政策がしばしば国内価格と国際価格との間に打ち込んだくさびよりも歴史的には重要性が小さかったかもしれない。過去一世紀の間に農業に不利な価格政策は一体どのような役割を果たしてきたのか。

若干の歴史的証拠

これらの課題に歴史的に対処するために三つのCGEモデルが最近利用された。まず、アレン・ケリーと私とは、一九六〇年代と一九七〇年代における四〇の途上国の経験に対処するためにモデルを作った（Kelley and Williamson, 1984）。第二に、チャールズ・ベッカー、エドウィン・ミルズと私は一九六〇年から一九八〇年にかけてのインドについて同様なモデルを構築した（Becker, Williamson and Mills, 1992）。第三に私は最初の産業革命におけるイギリスの経験を評価する同様なプロジェクトを最近完了した（Williamson, 1990b）。ここでは発見した事実について多少言及する以上のことはできないが、とにかくやってみよう。まずに第二次大戦後の第三世界における最近の産業革命を考えよう。

一九六〇年代と一九七〇年代初期の第三世界ではどの力が最も重要であったか。耕地不足は第三世界の農村からの移住と都市の成長の重要な要因であったか。シミュレーション分析から得られる結果は疑問の余地のないノーであった。高い人口増加率は農村からの移住と都市の成長において——世銀の表現を借りれば——現代の状況を過去の経験から区別する最も重要な単一要因であったか。再び答えは疑問の余地のないノーであった。仮に第三世界の人口増加率が一九六〇年代の工業国と等しいもっとずっと低いものだったとしても都市成長率は非常に高かったであろう。例えば、最初の産業革命におけるイギリスよりもはるかに高かったであろう。

技術進歩の速度と性格はどうか。普通、エンゲル法則と経済全体の生産性上昇が用いられるが、われわれの分析によれば、過去において最も重要であり、将来最も重要だと思われるのは生産性成長の不均整的性格であった。第三世界における技術進歩の不均整的速度が一九六〇年代から七〇年代にかけての異常に急速な農村からの移住と都市の成長を説明する鍵となる条件であった。同じことは、一九世紀前半のイギリスにおける劇的で加速度的な農村からの移住についてもいえる。さらに、第三世界における農村からの移住と都市の成長を動かした最も重要な要因は工業であった。そして、工業のパフォーマンスと農村からの移住を結びつけるパラメーターは一世紀前のイギリスでも今日の第三世界とほぼ同じであった。実際、一九六〇年代から一九七〇年代の間のインド、工業のパフォーマンスが悪く、都市の成長が遅く、農村人口の移住率が比較的低かったインドでもパラメータは同じであった。成長のエンジンはこの国ではうまく動かなかった。もっとも、一九八〇年代になるとエンジンの回転は速くなっている。ついでながら、悪者扱いされることの多い都市のインフォーマル・サービス部門はこれらの歴史的分析では枢要な役割を演じる。この部門を職を得られないで失望した農村からの移住者がマルクスの産業予備軍のようにインフォーマル・サービス部門に投げ込まれた残余的活動部門であるかのように描くのは、悪い経済史に他ならない。それどころか、この部門は都市の建設活動やもっと派手な近代部門に雇われている人口の消費需要や中間需要を満たすための重要な供給者としての役割を果たしてきた。

最後に、都市と農村の間の交易条件の外生的変化は、農村からの移住を調節する上で重要な役割を果たした。これは第三世界における農村からの移住率が一九六〇年代から七〇年代初頭にかけて非常に高かった重要な理由である。もちろん、世界の農業が交易条件における反農業的物価政策にさらされていなかったとすれば移住率はもっと低かったであろう。そして、農村からの移住率が低かったということは農村の貧困からの逃避率がより低くなっただろうということではなく、農業部門の内部での貧困からの離脱率がより高くなっただろうということを意味する。この反農業的価格政策は常に歴史上の事実だっただろうか。あるいは、現代の第三世界はなんらかの政策介入の歴史法則に従っているのだろうか。

六　政策介入と価格のねじ曲げ

経済発展論研究者なら誰でも、第三世界の発展戦略に根を下ろした都市優遇バイアスを痛感している。つまり、とくに農業に不利な政策的価格のねじ曲げに表われている戦略のことである。しかし、この講義を読む経済発展論研究者は、この戦略が過去一世紀以上にわたる産業革命の歴史的事実と完全に整合的だということについてはあまり気づいていないかもしれない。この政策は、なにも第三世界に限られたものではなく、産業革命一般に当てはまることである。もし経済発展論研究者がこの歴史的事実をもっとよく知っていたとすれば、かれらはこの政策を変えることができないからといって欲求不満を感じることがより少なくなるかもしれない。

反農業政策の歴史的展開

現代における財政による所得分配についての最近の論文の中で、ピーター・リンダート（Lindert, 1989）は、産業革命を経験した経済の多くが輸出志向の農業への課税から農業への支援政策へと変わってきたことを示した。対照的に、輸入と競合する工業の優遇は発展につれて衰えてきた。リンダートはまたこのような政策転換は第1講でちょっと触れた他の方法による財政的再分配と密接な正の相関関係を持っていることを示した。そこでわれわれは二〇世紀の工業国では財政の累進性が高まったことを示したが、この財政における傾向は市場で創出される税・給付前の所得の平準化傾向と相関している。反農業政策、逆進的課税と不平等は、国がクズネッツ・カーブの上昇局面を経て新興工業国の地位に上がるにつれて同時に実現されるように思われる。これらの諸国は、その後クズネッツ・カーブの下降局面で平等主義的な傾向がはじまるとともに、このような政策を取り止める傾向がある。

リンダートが示したように、このような傾向はアメリカ史では実現された。一九世紀の前半、アメリカが四〇年かかって産業革命の経験を積んだ時、工業は比較的低い水準の関税保護を受けた。綿花王国の南部における輸出産品の生産者は、そのような通商政策が意味する税のことを十分意識していたが、それに対抗するに十分な政治力を持っていた。南北戦争がそのような政治力を除去し、そして反農業的価格のねじ曲げ政策が一九三〇年代に至るまで七〇年間続けられた。それ以来、農業は価格支持だけではなく、明示的な補助金によって支えられてきた。同様な政策の展開は日本の現代史にも見出される。ただし、反農業政策は日本の工業化の経験のより早い段階で表われ、価格のねじ曲げではなく、直接税の形をとった。これは確かに明治日本で起こったことだが、一九三〇年代末までには農民は高い水準の保護を得ていた。そしてこの傾向は第二次世界大戦後の時代まで続けられ、そして今日アメリカの輸出産業に欲求不満を感じさせている。韓国と台湾の産業革命の経験はもっとはるかに急速に進み、したがって農業に対する政策転換も、一九五〇年代の農産物低価格政策から一九八〇年代の価格支持政策へとより短期間に圧縮されて展開した。同様な話はフランスやドイツについても語ることができる。一九世紀の古典的な工業保護政策は二〇世紀に入ると農業関係者の圧力で崩れはじめた。そして一九三〇年代には、戦闘的な農業純保護政策が採用され、戦後期の強い補助金政策で強化された。

工業国のリーダーだったイギリスはどうか。イギリスは産業革命がはじまった時、農産物輸出国ではなかったから、話はやや複雑である。それどころか、イギリスははじめから一次産品と穀物の純輸入国であり、工業製品の輸出国であった。この国では、輸入と競合する産業は穀物であったが、その取り扱いは、全体として生まれようとしていた歴史法則に合致していた。すなわち、輸入と競合する穀物生産部門は四〇年間にわたる工業化を経て一八二九年頃まで厚く保護されていた。その後関税率は引き下げられたが、保護は一八四〇年代初頭まで続けられた。一八四六年に穀物法が撤廃され、イギリスは以後自由貿易に転じたから、一八四〇年代はもちろん歴史的な転換期であった。重要な賃金財——穀物とパン——への課税から、貧困者を助ける自由貿易政策へと転じて、その税金を廃止する方向に転じたのはアイルランドのじゃがいも飢饉のためだったと論じることは可能であるが、そのような議論は飢饉の役割を過大評価するものである。保護と価格ねじ曲げの程度は一八二〇年代から一八四〇年代にかけて既に弱くなっていたから、イギリスはいずれにしても同じ頃自由貿易政策を採用していたであろう。そして、イギリスはその頃までには疑いもなく新興工業国の地位に到達していた。それどころかイギリスは既に世界最大の工業国であった。

過去の産業革命での価格のねじ曲げ政策の影響——イギリス穀物法を評価する

それでは第一次産業革命が起こって、不平等が拡大しようとしており、貧困者の生活水準の改善が遅れようとしていた時に存在した穀物法の影響はどうだったのであろうか。一八一五年から一八四六年の間に行なわれた討論は、常に分配問題をめぐるこのような論点を取り上げた。穀物法反対連盟は穀物法のために誰が得をし、誰が損をするかを完全に明らかにしていた。所得ピラミッドの頂点にあった地主は高い地代から利益を受けていた。ピラミッドの中間に位した工業生産者は、より高い名目賃金を払わなければならなかったし、製品輸出が抑制され、利潤が圧迫されたから、それだけ損をした。所得ピラミッドのより底に近いところに位した都市貧困者の実質賃金は「パン税」のために下がっていた。貧困な労働者の中でも最も貧しい田舎の農業労働者については、雇用効果と生計費効果とが相殺し合ったため、あまりはっきりしたことはわからない。最低所得四〇%層の労働者の場合も損得ははっきりしなかった。これらの損得の大きさについての議論は今日まで一世紀半以上にわたって続いている。

穀物法を評価したり、あるいは産業革命初期に実施されたその他の価格ねじ曲げ政策を評価するためには、一般均衡モデルが最善の方法であることは明らかである。五部門の開放経済モデルを一八三〇年代のイギリスに適用すると、いくつかの大変興味深い結果が得られる（Williamson, 1990a）。表2－3は、リカード流に小国仮定が採用された場合の穀物法の影響を試算したものである。つまり、貿易財の国内価格は世界市場の諸条件とイギリスの関税政策によって外生的に決定されると仮定した場合である。シミュレーションは、穀物法の撤廃が一九三〇年代の中頃認められ、五四%の穀物関税が一挙に取り除か

表2－3　穀物法早期撤廃の影響を推計する（リカード流小国仮定による）

雇　用（非熟練）	
農業	－21%
工業	＋6
製造業	＋24
サービス業（と鉱業）	－11
生　産（実質額）	
農業	－6
工業	＋4
製造業	＋22
サービス業（と鉱業）	－13
地代・賃金・GNP	
農業地代	－20
非熟練実質賃金	＋23
名　目	－1
生計費	－25
熟練実質賃金	＋15
名　目	＋1
生計費	－14
一人当り実質GNP	＋2
所得分配（名目）	
農業余剰（地代と利潤）	－22
工業利潤	＋1
製造業利潤	＋22
サービス業（と鉱業）利潤	－13
製造業輸出	＋246

数字は四捨五入したもの。
出所：Williamson (1990a, 表3).

れると仮定した。世界市場の状態、国内要素賦存度、そして技術はいずれも変わらないものとされた。早期に法律が撤廃され、価格ねじ曲げが除去されていたら、どのような結果が生じたであろうか。表2－3は、早期撤廃によって作り出される雇用条件の悪化に応じて、労働者の二一%が農業を捨てたであろうと推定する。これは、一八三〇年代に自由貿易への移行があったとすれば農業労働力の約五分の一が余剰になっただろうということを意味するもので、明らかに大きい数字である。穀物法反対連盟は、関税が工業への労働供給を遮断している、そして穀物法は工業製品の輸出を小さくするのに役立ち、したがって現実の工業化は自由貿易の下における場合より遅くなっていると主張した。かれらは、早期に撤廃が実施されれば、工業への労働供給が増加し、輸出が刺激され、工業化の速度が上がるのが助けられるであろうと論じた。リカードの小国モデルによれば、連盟の主張はまったく正しかったように思われる。事実、自由貿易への移行は工業での雇用を二四％増加させたはずである。むろん、シェアの大きい都市のサービス（非貿易財）セクターは縮小して景気のよい工業へ生産要素を解放したはずだから、非農業の雇用の数字はこれよりはよほど小さかったであろう。工業製品の輸出は全部で二四六％という巨大な増加率を示し、シミュレーションによる年々の輸出は実際に達成された年率四％ではなく、七％前後の伸びを実現したであろう。

穀物法の撤廃によって誰が利益を得、誰が損をしたのだろうか。地主と小作農が大損したことは間違いない。表２－３は、農業生産の余剰（地代と利潤）は一八三〇年代の早期撤廃によって二二％減少するだろうと推計している。利益を得るのは誰だったか。平均的なイギリス人はほんの少ししか利益を得なかったであろう。早期撤廃は関税に伴う死重損失をなくしたはずだが、実質ＧＮＰの増加は二％以下だったであろう。たいていのハーバーガーの三角形の計算と同様、この数字は非常に小さい。穀物法をめぐる議論が総所得効果を無視したのは当然だった。分配上の問題の方が重要だったのである。

表２－３によれば、一般労働者は「パン税」除去のプラスの影響がマイナスの雇用効果を相殺して余りあるものがあったから、論争に大きな関心を持ったはずである。一八三〇年代の早期撤廃の純効果は非熟練労働者の賃金を約二三％引き上げたであろう。この推定が正確に近かったとすれば、それは穀物法の存在が一九世紀の前半一般労働者の生活水準が上がるのが遅れたのはなぜかを説明するのに役立つということを示唆する。穀物法は中産階級の所得を若干圧迫したようである。つまり、工業資本家も損をしていたのである。穀物法の反対者は、穀物生産者に補助する金を払っているのは労働者と資本家だと信じていた。表２－３の推計は、彼らが部分的にしか正しくなかったことを示唆する。工業の利潤は

早期撤廃によって二二%増えたであろうが、非農業の利潤はわずか一%しか増えなかったはずだからである。穀物法の農業地代への影響の推定と合わせるならば、第一次産業革命中の所得分配不平等化のかなりの部分は穀物法の存在に帰せられよう。

以下の分析はすべて、リカード流にイギリスの対外交易条件は同国の関税政策の影響を受けなかったであろうとする仮定にもとづいている。トレンズはこの仮定に反対であった。かれは、関税は対外交易条件を大きく改善し、これらの結果を打ち消したはずだと考えた。しかしながら、モデルを拡張してトレンズの主張を取り入れても、所得分配の底辺にあった非熟練労働者はやはり穀物法の下で打撃を受けていたはずである。

七 要約

われわれは広い範囲をカバーした。産業革命時の農村からの移住の決定要因は複雑であるし、移住率が高ければ、所得分配の上で最下層に当たる貧困な農民の生活条件が改善するとは限らない。一七八〇年に最初の産業革命がはじまって以来、結果の大部分を決めたのは都市からのプルの条件であった。歴史的結論を作り出した主要な力は、都市の中でも工業を利した技術進歩の不均整的性格であった。農村の貧困者はそのような力から被害を受けたことは明らかである。初期の産業革命においては都市を利するバイアスが常に働いていた。そして、一九世紀にはそれは農業に不利な価格ねじ曲げという形をとった。このようなバイアスは、諸国が新興工業国という状態を通過するにつれて弱まり、ついには発展の後期で平等主義的な農業支持政策へと転換する傾向がある。この価格政策のような展開はなぜかくも多くの国がクズネッツ・カーブを経験するかを説明する一助になる。また、真の不均衡賃金格差なるものが存在し、農村の貧困からのたやすい逃避手段を提供する。さらに、このような賃金格差の存在は、工業化や貧困からの長期的脱出が著しく阻害されたということを意味する。しかし、貧困削減の鍵は賃金格差を利用した農村からの移住にあったといってしまっていいわけではない。それよりは、鍵はまず賃金格差を作り出す力に他ならない農村ならびに都市における技術進歩と蓄積とにあったのである。

第3講　蓄積と不平等——その関係の分析

一　アダム・スミス派のトレード・オフ論——成長対平等、そのレトリック

このクズネッツ記念講演に、非常に古い問題つまり「政策決定者は成長と平等のどちらかを選択せねばならないのか」という問題を含めるのは適切なように思われる。

確かに、イギリスの古典派経済学者はそのように考えた。少なくとも二世紀にわたって、主流派の経済学者や政策決定者は、貧困者により大きな分け前を与えると同時に一国の生産を増加させることはできない、という信念によって導かれていた。結局、貧困者への富の再分配は、貯蓄のための余剰を減らさなかったであろうか。さらに、この仮定は一九五〇年代と一九六〇年代に、サー・アーサー・ルイス（Lewis, 1954）やジョン・フェイ＝ガス・レニス（Fei and Ranis, 1964）などの古典派の近代版の中に深く埋め込まれたのである。確かに、ルイスは、産業革命の時期における中心的な問題は純貯蓄率を五％程度から一五％前後に増加させることであり、その鍵となる源泉は利益の分け前の高まり——つまり所得分配の変化にあると考えた。

この、トレード・オフ説は、しっかりとした証拠や政策の検証にはほとんどもとづいておらず、むしろ、理論や主張に、そして見せかけの歴史的相関関係にもとづいていた。そして、所得と富と政治的権力は常に一心同体であったので、過去の産業革命期においては平等主義的成長を生むであろうと考えられた政策は実行されなかった。確かに、一八世紀から一九世紀初頭において、イギリスをはじめほとんどのヨーロッパ諸国では、経済的にトップクラスの者のみしか政治的発言権や教養を持たなかったため、政策は逆進的で伝統的なトレード・オフの観点からのものが優先された。それゆえ、アダム・スミス以来経済的理念においては貯蓄が賞賛され、貧困者への寛容な救済は攻撃された。トレード・オフ説は二〇世紀の後半まで続いた。当時の工業国における政治家は、国内の貯蓄不足が生産性低下の主たる原因であり、寛容な福祉政策がなんらかの経路を経て二つの事柄のかなりの部分を説明していると考えた。マルクス、ホブソン、カルドアのような資本主義に対する批判者でさえ、この古典的なあるいはアダム・スミス的な仮説であるところの、裕福な人々が限界でははるかに多く貯蓄し、そして、この事実が、集合的な蓄積行動を説明している、という説を受け入れていた。

一九世紀後半から二〇世紀初頭にかけての選挙権の広がりとともに、先進国ではこの考え方は衰退しはじめた。そして、これらの国ではすべて所得分配が平等化しはじめた。民族独立と第三世界の急速な成長とともに、ロバート・マクナマラや、アーマ・エーデルマン、ホリス・チェネリー、モンテク・アユワリアなどの世銀系経済学者のリーダーシップの下でアダム・スミスのトレード・オフに対する拒絶に弾みがついた。アダム・スミスに対してかれらの考え方は、第三世界の多くの国々は、貧困者の資産の価値を高めることにより、成長を高められたであろうはずの非常に多くの政策の選択肢を見落としていた、ということである。例えば公衆衛生、大衆教育、農村の社会資本、主食などへの投資が挙げられる。これらの処方箋は、いまや模範的な東アジア諸国の近年の歴史的証拠によって裏打ちされた。これらの国々は、最も積極的にそれらの政策を採用したのに対し、成績の悪いラテン・アメリカの国々はそれをしなかった。

しかし、この議論はまだほとんど結着がついておらず、今後二世紀にわたってなお議論が続きそうであると考えられる理由が少なくとも二つはある。その第一は、高度に政治化された議論というものは長く継続される傾向があることである。政府の政策のうち、再配分の可能性を含むものは、対立する私的利害関係者を作り出し、経済的議論によってそれぞれがその主張を強めるが、それらが、相手の誤りを立証するのは通常困難である。第二点として、これはこの章のテーマにより近いものであるが、この問題は、歴史的証拠によって解決するのは非常に困難だ、ということである。確かに、トレード・オフは、成長と不平等との間の単純な相関関係を統計を使って調べてみても直ちに評価はできない。産業革命の力学はあまりにも複雑であり、そのような単純な相関関係から多くの洞察を生むことはできないからである。また、一九世紀はそれに対する便利な例に事欠かないけれども、トレード・オフは不平等と集合的な国内貯蓄率および蓄積との間の相関関係によっては評価できない。例えば、われわれは第1講において、アメリカの不平等が一八二〇年以降八〇年にわたって急激に拡大したのをみた。それと同時に、国内純生産に対する投資率は二倍もしくは三倍になり、そして資本深化率は四倍になった。まさにこの種の相関関係、つまり産業革命期においては不平等の上昇と同時に貯蓄と蓄積の上昇が起こった、という相関関係が一七八〇年から一八六〇年の間、イギリスでこのような過程が進行中であった時期にかれら自身の成長モデルを発展させた古典派経済学者の間で、トレード・オフ論を強化したのであった。

一九世紀の相関関係は偽物であったのか。そして人々は、クズネッツ・カーブ上における不平等の上昇と貯蓄率と蓄積率の上昇の両方を説明する他の変数を見落としてしまったのであろうか。現代の第三世界における経済的議論において、歴史のトレード・オフ観が未だに紛れ込んでいるかもしれないから、このことは重要である。長い間懐疑論を支持した人々がこの講演の中で提出された通説を修正主義的に拒絶することを期待しているであろうことは疑いない。結局、二〇世紀の歴史はこの相関関係を確認することに失敗した。確かに、この相関関係はイギリスやアメリカの経験からさえ消えてしまったようにみえる。一方で、成長率は二〇世紀を通じて一九世紀より高かったのに対して、不平等は減少した。第1講で提案したように、このことは同じようにフランス、ドイツ、そして他のほとんどのOECD（経済協力開発機構）加盟諸国についても当てはまる。

先へ進む前に、私は複雑な点を明らかにするために、最終的な結論の要点を記しておかなければならない。第三世界におけるこの問題についての議論が一九七〇年代後半に静まり、注意がマクロ安定策と債務に関する問題に移ったので、経済発展論研究者たちは経済史家たちが過去に蓄積してきたトレード・オフに関する証拠に多くの注意を払い損なった。興味の移り変わりを別にすれば、その議論が過去一〇年の間に下火になってしまった理由があと二つある。第一に、現代の証拠は幾人かの人々に、国内貯蓄は（それが不平等の上昇によって増大したかしなかったかにかかわりなく）蓄積の決定的な制約ではないことを確信させた。この問題は、われわれがここで詳細に議論しようとしているものである。第二点として「成長の源泉」論が、多くの人に蓄積が本当にそれほど大事だったのかを疑わせるようになったことである。しかし、私は「成長の源泉」論者の議論はひどく紛らわしいものであると信じる。結局、二〇世紀中に蓄積の様式が伝統的なものから人的資本へと変化したことを示す歴史的証拠が数多くあり、そして、われわれは後者を十分に測定しえなかったのである。この蓄積の様式の変化は多くの経済学者たちによって以前から指摘されていた。例えば、ポール・シュルツ（Schultz, 1987）とリチャード・イースタリン（Easterlin, 1981）は二人とも大衆教育における革命を強調した。シュルツはそれを第二次世界大戦後の時期に発見し、イースタリンはより早い時期の一九世紀後半にそれを発見した。さらに、トレード・オフに関する古典的な議論はいつも人的資本を軽視した。われわれが平等と成長の両方を手に入れることができるのはこの分野であるから、このような狭い視点は残念であった。この種の考え方は決して目新しいものではないが、私はこの考え方を支える歴史的証拠をみることが重要であると思う。

議論

長い間、所得分配の変化は三つの方法で貯蓄を変化させると考えられてきた。第一に、市場における出来事によって生み出される高貯蓄者への再分配、第二に同様のことを起こす財政政策、そして第三に資本に対する収益にかけられる税金の増減によって生み出される、貯蓄への刺激もしくは抑制である。第二、第三の影響はより最近のことである。二〇世紀における政府の課税規模の拡大と振り替え活動は、明らかに第1講で触れた工業世界における税・振り替え後所得の平等主義的傾向に貢献している。多くの経済学者は、この財政の再分配が資本形成と生産性の向上を遅らせたと考えている。さらに、他の人々は資本収益に対する課税が私的貯蓄を思いとどまらせたと主張する。しかし、産業革命以来の一九世紀の経済史は第一の影響についてより多くを物語る。なぜなら、二〇世紀以前にはどんな種類の財政的効果もあまり影響は大きくなかったからである。

第一の影響はもちろん限界貯蓄率によって左右される。もし富裕層が貧困層よりも高い限界貯蓄率を持っていれば、所得を富裕層へと再分配するどのような市場力でも貯蓄総額を増大させ、蓄積を助長するだろう。カルドアやルイスの有名なモデルにあるように、富裕層は常に貧困層より高い限界貯蓄率を持つと考えられてきたので、富裕層へのどのような再分配でも国内貯蓄と蓄積の率を上昇させると推測するのは自然なように思われた。この説は、一見もっともらしく、アダム・スミス以来経済学説的に重要であったが、貧困層から富裕層への税・振り替え前の再分配は国内総貯蓄率にはわずかのインパクトしかなかったようにみえる。アラン・ブラインダー（Blinder, 1980）による戦後アメリカの研究、ウィリアム・クライン（Cline, 1972）によるラテン・アメリカの研究、もしくはフィリップ・マスグローブ（Musgrove, 1980）による国際的横断面の研究も同じことをいっている。後にみるように、一九世紀のアメリカとイギリスにおけるクズネッツ・カーブの上昇においても同様のことがいえる。結局、増大した国家の貯蓄率は二つの小さな分数を掛け合わせたものである。つまり、一つの所得クラスからとられ、他のクラスへ配分されたシェア、そして階級間の限界貯蓄率の違いである。結果として生じる総貯蓄率の変化は普通は小さすぎるので、平等と蓄積との間のトレード・オフ論に大した重要性を与えることはできない。

しかし、国内貯蓄関数を相当外側へシフトさせる大きな再配分でさえ、蓄積に対しては限られたインパクトを与えるにすぎないだろう。結局、収益率に対する貯蓄反応が弾力的であればあるだけ、歴史上ならびに現代の議論においてかくも多くの注目を集めてきた、貯蓄供給推進諸力は重要さを減じるのである。これは、先進国における近代の社会保障論争や、第三世界における人口統計からみた従属人口比率論争、そしてもちろん、産業革命期におけるクズネッツ・カーブによって動機づけられたトレード・オフ論争を含んでいる。収益率に対する貯蓄の反応についてわれわれは一体何を知っているのか。二〇世紀のアメリカや一九世紀のイギリス（後者についてはマイケル・エーデルスタイン（Edelstein, 1982）によって明らかにされた）について、われわれは税引後の収益に対する国内貯蓄の弾力性の数値は一〇年かそこら以前よりも現在の方がずっと大きくなったという印象を持っている。そしてもし国内貯蓄が収益に敏感であるとすれば、総貯蓄は、たとえ一部分であっても統合された国際資本市場の世界においてはいっそう弾力的なはずである。

さらに、貯蓄関数が弾力的であればあるほど投資需要側面は一層重要性を増す。経済発展論の研究者は一九七〇年代の貯蓄制約論対投資需要決定論という論争を覚えているだろうが、私はこの点についてはさらに強調に値すると思う。トレード・オフ論やライフ・サイクル論あるいは従属人口比率論についての議論は十分に進んでいるから、資本形成を貯蓄供給の側面から説明することはいまやずっと容易なはずだと思われるかもしれない。しかしそのアプローチは貯蓄供給関数がきわめて非弾力的であって、投資需要関数がきわめて弾力的であるという仮定に決定的に依存している。貯蓄関数のシフトと資本蓄積の間の直接的なつながりは、これらの仮定が満たされていない歴史的な情況においては著しく弱体化されるのである。

競合する各種資産

所得分配、国内の私的貯蓄および普通の意味での資本形成の三者間の直接のつながりは、資本形成と競合する各種の富が存在することによってさらに弱められる。貯蓄の動機は国債、外債、土地、奴隷、あるいは知的財産権などの蓄積、さらにこれらのいずれかに対するキャピタル・ゲイン〔資産価格の上昇に伴う財産所得〕の蓄積によっても十分に満足させられる。これらの競合する資産供給が大きくてより弾力的であればあるほど、上でなされてきた議論はさらに強力な意味を持つ。というのは普通の意味での資本形成は、国内貯蓄の供給の変化よりは投資需要に多く依存すると思われるからである。

これらの競合する諸資産のうち外債の純供給量が最も弾力的であろう。国家が国際的な資本移動に対して一層開放的になればなるほど、資本形成率に対する国内貯蓄の供給の意味はますます薄くなる。もしも国家が国際金融市場において完全競争的であり、信用割り当てに直面していないとすれば、そのとき国内資本形成は国内の投資需要のみによって決定され、分配効果はなんらの重要性も持たないであろう。資本形成はこのような場合においては生産の側で決定され、国内貯蓄は直接関係を持たない。世界資本市場についてのこのような議論は現在に対してと同様、一九世紀に対しても妥当している。事実、ラリー・ニール（Neal, 1985）やロバート・ゼヴィン（Zevin, 1989）による最近の研究は、世界資本市場が一九八〇年代にそうであったのと同じく、一九世紀あるいは一八世紀でさえ完全に統合されていたことを示唆している。

もちろん、資本形成に対する国債の潜在的なクラウディング・アウト効果に関する議論は二〇年間熱心に続けられてきており、この問題についての論文は経済史の学術雑誌にあふれるほど掲載された。事実、南北戦争の戦費を調達するために公債が発行された一八六〇年代のアメリカにおいて、資本形成率は低かったし、また戦費を調達するために公債が発行された一八一五年頃までの対仏戦争中のイギリスにおいてもその率は低かったこと、そして一八九〇年代中頃から一九〇〇年代中頃まで中国およびロシアとの間で紛争中の明治期日本においてもその率が低かったことは事実である。クラウディング・アウト効果が初期産業革命のこういった重要な時代に強力であった限りにおいて、その効果は資本形成と蓄積に関する所得分配の役割にとって代わったであろう。

もし、所望する富の所得比率によって決まる一定量の家計資産をめぐって異なった種類の富が競合すると信じられるとすれば、当然稀少な土地から生じるキャピタル・ゲインは再生産可能な資本に対する家計の請求権を減少させることは明白であろう。さらに、われわれは弾力的に供給される他の資産が急速に蓄積される時代に、稀少な土地に対するキャピタル・ゲインがとくに大きくなることを期待するようになった。例えば、都会および地方の地価は過去の産業革命中に暴騰した。より一層近代的な例を挙げると、土地に対する実質キャピタル・ゲインの増加率は戦後の日本では非常に大きく、一九五五年から一九七四年の間に年率一六％に達した。もっと重要なのは、戦後の日本においては貯蓄率が上昇していたのに対して、土地に対する年間のキャピタル・ゲイン率は、一九七〇年代においては一九五〇年代の約三分の一に減少していたということである。若干の顕著な例外があることは事実であるが、土地に対するキャピタル・ゲインの他の形の蓄積に対する潜在的なインパクトについて書かれたものがなぜこれほど少なかったのであろうか。

二　一九世紀アメリカにおける貯蓄と不平等——見せかけの相関関係か

このように、不平等と蓄積との関連性が脆弱であるということを信ずべき理由は多々ある。しかしながら、理論は事実とは別である。歴史はわれわれに何を語りかけているのであろうか。

最適な例の一つは、一九世紀一〇〇年間にわたるアメリカの産業革命によって提供される（Williamson, 1979）。表3－1は、一九世紀初期のアメリカ経済が蓄積率の急激な上昇傾向を伴って発展しはじめたことを示している。一八〇五年以前は人的資産以外の富の蓄積率は非常に低く、一人当たり年〇・二％ほどであった。このペースは一八三五年までに早められていたが、一八三五年から南北戦争の一八六〇年代末にかけて最大の飛躍が起こった。加速傾向——加速の速度は緩やかになったが——は一九世紀の終わりまで継続し、その後、そのペースは一九世紀の初期三〇年間とそれほど違わない低い水準に下がって安定した。この蓄積行動と関連していたのは名目価格表示によるGNPに対する粗貯蓄率であった。一八四〇年代初期までにこの比率はすでに一六％であったが、一九世紀末には二八％にまで急上昇した。表3－2が示しているように、投資財の相対価格はこの一世紀中に下落していたから貯蓄率の上昇は固定価格ではさらに大きかったはずである。実際投資財の相対価格は一八四九年と一八七四年との

表 3-1　アメリカにおける一人当たり資産と一人当たり資本の成長率（1685-1966年）

（年率％）

期間	一人当たり民間物的資産 (1)	労働者一人当たり償却資本 (2)	労働投入マン・アワー当たり再生産可能資本 (3)
1685～1805年	0.23	—	—
1800～35年	—	—	0.77
1835～50年	—	—	1.60
1805～50年	1.60	—	—
1840～50年	—	2.17	—
1855～71年	—	—	2.85
1850～1900年	1.90	2.63	—
1900～66年	1.20	—	—
1900～58年	—	1.00	—

出所：Williamson (1979, p. 232, 表 1).

表 3-2　アメリカにおける実質総投資および実質純投資のシェア（1817～1897年）

（％）

年または期間	総投資シェア		純投資シェア		投資財の相対価格
	ゴールマン (1)	ゴールマン—デイヴィス—デイヴィッド (2)	ゴールマン (3)	ゴールマン—デイヴィス—デイヴィッド (4)	ゴールマン (1860年＝100) (5)
1800～35 (1817)	—	11	—	7.9	—
1834～43 (1839)	10	—	5.9	—	107.7
1839～48 (1844)	11	—	6.5	—	107.0
1844～53 (1849)	13	—	7.9	—	103.4
1849～58 (1854)	15	—	9.2	—	95.0
(1859)	—	—	—	—	98.0
1869～78 (1874)	23	—	13.7	—	82.3
1874～83 (1879)	21	—	10.9	—	81.3
1879～88 (1884)	23	—	12.1	—	84.6
1884～93 (1889)	27	—	15.3	—	82.4
1889～98 (1894)	28	—	15.5	—	77.0
1890～1905 (1897)	—	28	—	15.0	73.3

注：1860年不変価格による。(1)(2)欄は国内総投資の国内総生産におけるシェア。(3)(4)欄は国内純投資の国内総生産におけるシェア。

出所：Williamson (1979, p. 233, 表 2).

間で二一％下落したが、この四半世紀は劇的かつ不均整な総要素生産性の成長が資本財部門に集中し、粗投資比率がほぼ二倍すなわち一三％から二三％に上昇した期間でもあった。需要が投資財の方へ移行し供給側の生産力効果を相殺したにもかかわらず、このようなことが起こったのである。そして、もし質的変化をよりよく捉えることができたとすれば、相対価格の下落は疑いもなく一層大きかったはずである。

実質価格で表わせば、不変価格貯蓄率は一八三九年と一八九七年との間の六〇年間に二倍ないし三倍、つまり五・九％から一五・五％（表3－2の第3欄参照）になった。事実この上昇は、経済発展論の中心的課題は産業革命中に純貯蓄率が五％から一五％に上昇したのを説明することだというルイスの有名な説を裏づけるように思われる。他方、旧来の再生産可能資産の純収益率は一八〇〇～三五年間の一〇・五％から世紀末頃の六・六％に落ち込んだ。

一八三〇年代末から世紀末頃までのアメリカの貯蓄率の印象的な上昇を説明するのは何であろうか。第1講で詳細に検討したアメリカにおける不平等の増大は一つのありうべき回答に他ならない。実際に初期工業化に必要とされた投資が、不平等の増大によって生み出された剰余によってのみ充足されうる、という結論を正当化するために利用されてきたのは、まさにこういった類の大ざっぱな歴史的相関関係であった。それでは、アメリカにおける不平等の増大が資本形成の増大を生み出したのであろうか。不平等の増大がなければ、アメリカの経済成長は阻止されたのであろうか。

われわれは、少し前に検討されいま図3－1に図示された単純なモデルを適用することによって回答を得ることができる。貯蓄率は、GNPに対する実質純貯蓄（あるいは投資）の比率を表わす水平軸に示されている。AからEへの上昇は純貯蓄の一八三〇年代における六％ないし八％から世紀末の一五％ないし一六％までのざっと倍以上の上昇に相当する。再生産可能資本の純収益率の下落、つまりr_0から

図3-1　19世紀アメリカにおける投資関数と貯蓄関数のシフト

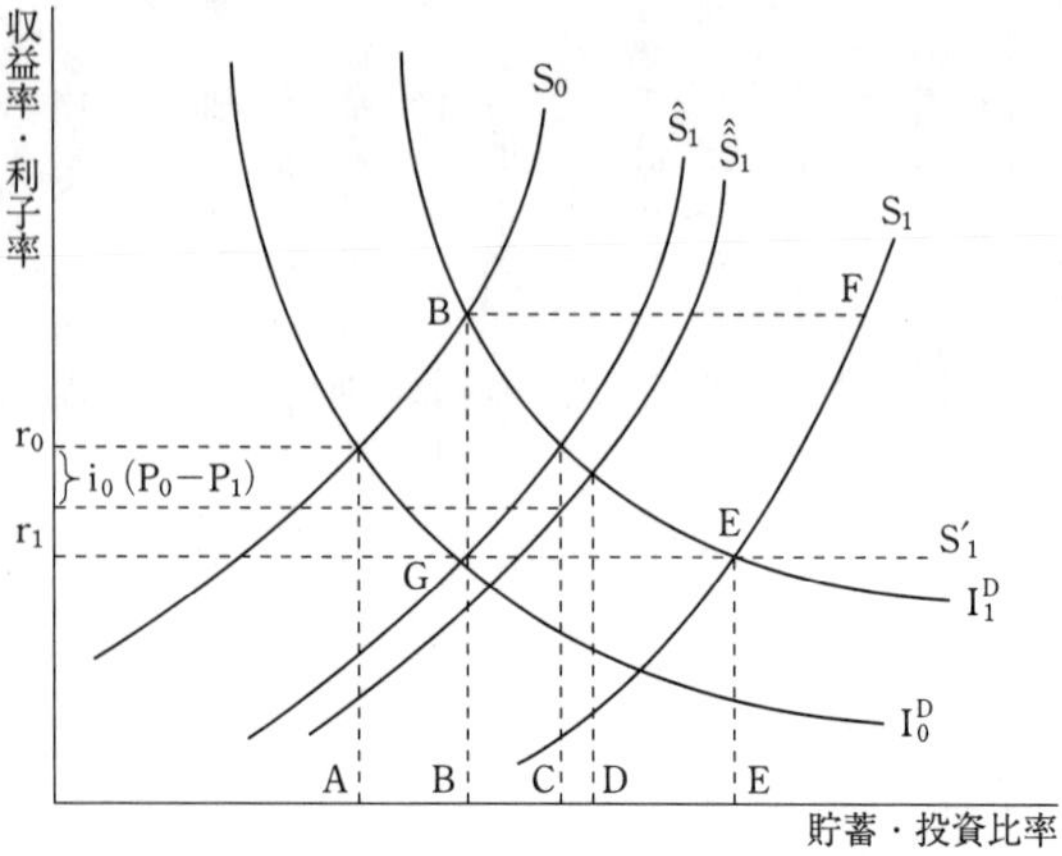

注：S＝貯蓄関数，I＝投資関数

r_1への下落は同時期における観察された下落にほぼ相当する。われわれは純収益率の上昇が追加貯蓄を生み出すように、貯蓄関数に対して幾分かの正の勾配を認めるが、しかし高い弾力性説を支持する計量経済学的な証拠はないから弾力性は小さいままにされている。

第1講で論じた不平等の増大を説明するとされた二つの基本要因によって投資需要関数が右にシフトするとしたらどうだろう。まず第一に労働力成長率が上昇した。スタンレー・レバーゴットによると、労働力は一八〇〇年と一八三五年との間に、年率にして二・七%成長した。そして一九世紀を三分した第二の三分の一の時期にその成長率は加速し、一八六〇〜七〇年頃には年率三・三%に達した。この加速傾向が一九世紀の前半期中に投資需要を右にシフトさせることによって、純収益率を引き上げ、さらに純貯蓄率の上昇を引き起こすことによって蓄積率の上昇を促進させたと信ずべき理由がある。しかしながら、よく知られているように、労働力の成長率は南北戦争後低落したから、労働力の成長は一九世紀後期の投資需要の継続的な外部へのシフトを説明するには役立たないであろう。

第二に、投資需要関数は労働節約的および資本使用的技術進歩率の上昇に反応して右にシフトした。第1講においては、労働節約的技術進歩の加速度化は、資本集約的諸部門に有利な不均整的技術進歩によって主としてもたらされたということを論じてきた。それは二つの効果をもっていた。すなわち、それは不平等化を促進し、またそれは多くの機械や技術を使用する部門が拡大するにつれて投資財に対する総需要を増加させた。

われわれは、以下において投資需要のシフトをより正確に特定化するが、ここでは図3－1に示された予測に注目されたい。まず第一に、投資需要の増大に応じて貯蓄率が上昇する。つまりAからBへ投資率が増加する。第二に、貯蓄関数が三つの要因に対応してBからFへと右にシフトする。つまり三つの要因とは、先に述べた労働節約的技術変化と急速な非熟練労働力成長要因とによって引き起こされた不平等の増大、人々の貯蓄心の変化と貯蓄動員のための制度の改善、それに若者に偏った外国からの移民によって引き起こされた従属人口比率の下落に伴う貯蓄関数のシフト、そして最後に、繰り返すが資本財部門に有利な不均整的な技術進歩によって生じた資本財価格の相対的な低下に応じた貯蓄関数のシフト、である。（ついでながら、この貯蓄関数の外へのシフトは次の諸理由から生じる。均衡においては資本の純賃貸率（r）は資本財の相対価格（p）と利子率ないし自己資本収益率（i）との積に等しい。短期均衡を維持するためには、資本財の相対価格が下落する比率に等しい率で利子率は上昇しなければならない。同じ資本賃貸率においては、資本財の相対価格が下落するにつれて一層多くの貯蓄がみられるだろう。）第三に、蓄積の増加は収益逓減によって世紀を通じて純収益率を低落させ、かくして貯蓄率をFからEへ低下させた。

ついでながら、一九世紀中における外国からの資本流入の増加を取り上げることによって貯蓄関数の外向けのシフトを説明できないことに注意すべきであろう。一九世紀前半におけるいくつかの重要ではあるが短期の例を除いて、外国投資は常にアメリカの国内総投資のうちでは小さな割合でしかなかった。しかしながら、最も重要だったのは、部分的には国内の投資収益率の下落に応じて、また一部は蓄積需要に対するアメリカの融資能力の増大に応じて、GNPに対する外国投資の比率が歴史的に継続して下落したことであった。

われわれはいまや図3-1で描かれた上昇する一九世紀の貯蓄率の源泉を分解する準備ができている。われわれは一八三〇年代と一九世紀末つまりA点とE点における均衡を説明するデータを有している。第1講にもとづいて、われわれはまた同じ時期にどれだけ不平等が増加したかを知っている。そして、われわれは賃金生活者は貯蓄しないという古典派の貯蓄法則に訴えることによって、増加しつつある不平等によって引き起こされた貯蓄関数のシフトに上限を画することができる。残されているのは貯蓄と投資の収益率弾力性に関する情報だけである。長期的投資需要関数の弾力性が、CES生産関数（代替の弾力性がコンスタントな生産関数）における代替の弾力性（しかし反対の符号の弾力性）によって条件づけられることはわかっており、そしてそれゆえにわれわれは弾力性がゼロとマイナス一との間にある諸例に注意を限定する。一九世紀末期の貯蓄弾力性についての研究は、われわれがここでもまたゼロから一の間の弾力性に注意を限定すべきことを示唆する。もっともわれわれは他のより一層極端な諸ケースも検討するつもりである。

表3-3のケース1Aが私の好みである。この「悲観的」な弾力性の仮定の下では、不平等の上昇による貯蓄率の変化の最大のインパクトは限られたもので、増加全体のたった五分の一にすぎない。対照的に（労働節約的技術進歩と労働力成長の高まりによって引き起こされた）投資需要の増大は、観察された純貯蓄上昇率増加の半分以上を説明した。資本財の相対価格の技術誘因にもとづく下落も説明のほとんど三分の一を占めた。要約すれば、この実験は一九世紀アメリカの貯蓄率上昇の大部分は技術あるい

表3-3　19世紀アメリカにおける純投資比率上昇の要因分析：長期的分析

	ケース1A ε＝−0.5 η＝1.0	ケース1B ε＝−0.3 η＝1.0	ケース1C ε＝−0.7 η＝1.0	ケース1D ε＝−0.5 η＝0.5	ケース2 ε＝−0.5 η＝0	ケース3 ε＝−0.5 η＝∞
純貯蓄率の増加総計	0.0700	0.0700	0.0700	0.0700	0.0700	0.0700
1. 技術進歩と労働力増加に伴う増加	0.0718	0.0708	0.0828	0.0676	0.0471	0.0762
投資需要の変化の影響（B−A）	0.0368	0.0470	0.0359	0.0276	0	0.0552
所得分配の変化の影響（C−B）	0.0146	0.0110	0.0179	0.0202	0.0300	0
資本財価格の変化の影響（D−C）	0.0204	0.0128	0.0290	0.0198	0.0171	0.0210
2. 貯蓄動員ないし従属人口比率変化に伴うその他の影響（残差）（E−D）	−0.0018	−0.0008	−0.0128	0.0024	0.0229	−0.0062

注：ε は投資需要の純収益率に関する弾力性。η は貯蓄供給の純収益率に関する弾力性。
出所：Williamson (1979, p. 246, 表3).

は労働力が誘因となったことを示唆しており、その一方で成長と公正との間のトレード・オフ論に対してはほとんど支持していないので、歴史あるいは経済発展論の文献においてそれに対して惜しまずに与えられた注意を正当化することはできなかった。私が外生的貯蓄動員ないし従属人口比率効果と呼ぶものに起因する割合は取るに足らないもので、しかもマイナスであることに注目されたい。この結果は受け入れがたいように思われるだろうか。外国投資の割合が一九世紀を通じて落ち込んだことを思い起こすならばそうではあるまい。例えば、ケース1Aのマイナスの残差は単に一九世紀を通じて自己金融の割合が増加したことを反映するものかもしれない。

これらの結果は、どれほど頑健（観測値や弾力性が変わっても結果が変わらない）であろうか。ケース1Bから1Dまでは異なる弾力性を仮定した若干の選択肢を示している。いかなるケースにおいても、増加する不平等の（上限の）インパクトが一九世紀を通じての貯蓄率の増加全体の四分の一を越えることはない。表3-3の最後の二つの欄には二つのより極端なケースが示してある。ケース2は純収益率に関して完全に非弾力的な貯蓄関数を示している。私はこのケースをあまりにも非現実的だとみなしているが、しかしこの場合でさえ、不平等の増大は純貯蓄率の上昇のうちの約四〇％だけを説明できるにすぎない。ケース３は純収益率に関して完全に弾力的な貯蓄関数を仮定している。もちろん、ここでは分配はなんら説明力を持たない。

この歴史の教訓は十分強調する価値があるように思われる。一九世紀アメリカの時系列的証拠は、不平等、資本形成率、および蓄積率の三者の間にはきわめて高い正の相関関係があることを確認する。確かにその相関関係は成長と公平とが相容れない古典派的な資本主義発展説に対する支持を示唆するほど強い。事実、この対立は一九世紀の経済学者にとって十分に明白であったから、かれらの経済発展のモデルはすべて蓄積率は財産所得受領者への所得の移動によってのみ増加されることができるという前提にもとづいて構築されていた。しかしながらその後、蓄積に対する分配の影響を小さくみる修正主義的研究が次第に増えてきている。けれども、しばしば引用されるウィリアム・クライン（Cline, 1972）や、アラン・ブラインダー（Blinder, 1980）その他の人々の研究業績でさえ、不平等それ自体の説明を無視して、貯蓄に関する不平等の影響に直面するにすぎないから、古典派モデルに対する真の選択肢を提供することはできない。古典派モデルの利点は分配と蓄積が両方とも内生変数であるという点にある。おそらくこれはリカード＝マルクスのシステムが一世紀前にちょうどそうであったように、なぜそれが現在でも近代的な成長と分配の理論の中心学説であるかを説明している。この理論的伝統が生きていることは疑いない。そしてそれは大部分アメリカの成長と不平等と蓄積の経験によって明らかにされたような相関関係にもとづいている。しかしながら、その相関関係は見せかけだけのものだったように思われる。

三　イギリスの産業革命はアダム・スミスのトレード・オフ論を確認するか

一九世紀アメリカの成長経験は、蓄積と平等との関係を重視するアダム・スミスのトレード・オフ論に対して大した支持を与えるようには思えない。しかしアメリカの経験はユニークだったかもしれない。多分われわれは他の産業革命においてトレード・オフ論に対する歴史的な支持を見出すかもしれない。実際「最初の産業革命」についてはどうだったであろうか。結局、まず第一に古典派のモデルを動機づけたのはイギリスの工業化初期の経験であった。そして不平等は古典派のモデルにおいては貯蓄と蓄積を進める重要な力であった。

古典派経済学者に、トレード・オフ説を考えることを推奨した証拠の一端は、安定的実質賃金であった。すなわち、労働者階層の生活水準がそれほど変化しなかったにもかかわらず、どうして急速な工業化が実現できたのか。マルクスは技術的諸力に訴えることによってこの事実を説明しようとした。工業における労働節約的技術変化と、農業における土地から労働力を放出する囲い込み〔エンクロージャー〕の両者が労働予備軍の増大に役立ち、非熟練労働者の実質賃金の上昇を妨げた。マルサスは産業革命がかれのまわりで進行していることを知らなかったようであるが、かれのモデルは人口学的反応に訴えることによってこれらの出来事を説明できた。短期における実質賃金の幾分かの改善は、アイルランドからの弾力的な移民の反応とともに、早婚や所帯持ちの出生率の上昇を促進するのに役立ち、かくして長期において実質賃金を引き下げた。他の人は弾力的な労働供給を保証したアイルランドとイングランドの農村の偽装失業を強調し、そしてその結果として実質賃金の増加はなかったとした。これらの安定的な実質賃金の古典派的モデルにおいては、増大する不平等は急激な蓄積を助長したが、どのような資本ストックの増加も弾力的な労働供給関数に沿って雇用の同等の増加を生じさせるから、資本の深化は起こらないのである。

対照的に、リカードは安定的な賃金と労働力の余剰を得るために資本の稀少性や緩慢な工業化に訴えたように思われる。リカードのモデルにおいて、因果関係は緩慢な資本深化から労働余剰へ向かうように思われる。非弾力的な土地の供給を所与とすれば、地代の国民所得内での割合は増大し、地主の浪費から貯蓄不足が生じ、そして蓄積の速度は落ちる。資本の深化が鈍くなるにつれて、労働の限界生産物は最低生活賃金に等しいところで安定するのである。

イギリスの経済が一九世紀中頃の「転換点」（ジョン・フェイとガス・レニスが使った言葉を用いれば）を通り抜けて実質賃金が著しく上昇しはじめた時、イギリスの経済学者はこれらの古典的な成長のパラダイムに興味を失っていった。その代わりにかれらはより一層楽観的な新古典派のルートをたどり、そしてそれがほとんど一世紀の間経済成長の支配的な解釈となった。しかし第三世界の発展が一九五〇年代に経済学者の注目を引いた時、アーサー・ルイスは一旦投げ捨てられた古典派モデルをもう一度取り上げてみるようにわれわれに要請した。その意味するところは一九五〇年代における第三世界は一八世紀末期と一九世紀初期のイギリスにきわめて似ていたということであった。もしも古典派モデルがかつてうまく働いていたとすれば、現代の第三世界にもまたうまく働くはずであり、ルイスの有名な労働力余剰モデルはその結果として出現したものである。

この叙述のポイントは、労働余剰モデルが（リカード以外の）古典派の経済学者にそのルートを持ち、また彼らのパラダイムが、そのまわりで起こっていた経済事象を説明するために展開されたことを思い出してほしいということに他ならない。かれらは正しかったであろうか。そうではなかったと私は思っている（Willamson, 1985b）。

図3-2　1797～1851年のイギリスにおける成人男子労働者の平均実質賃金（年収）

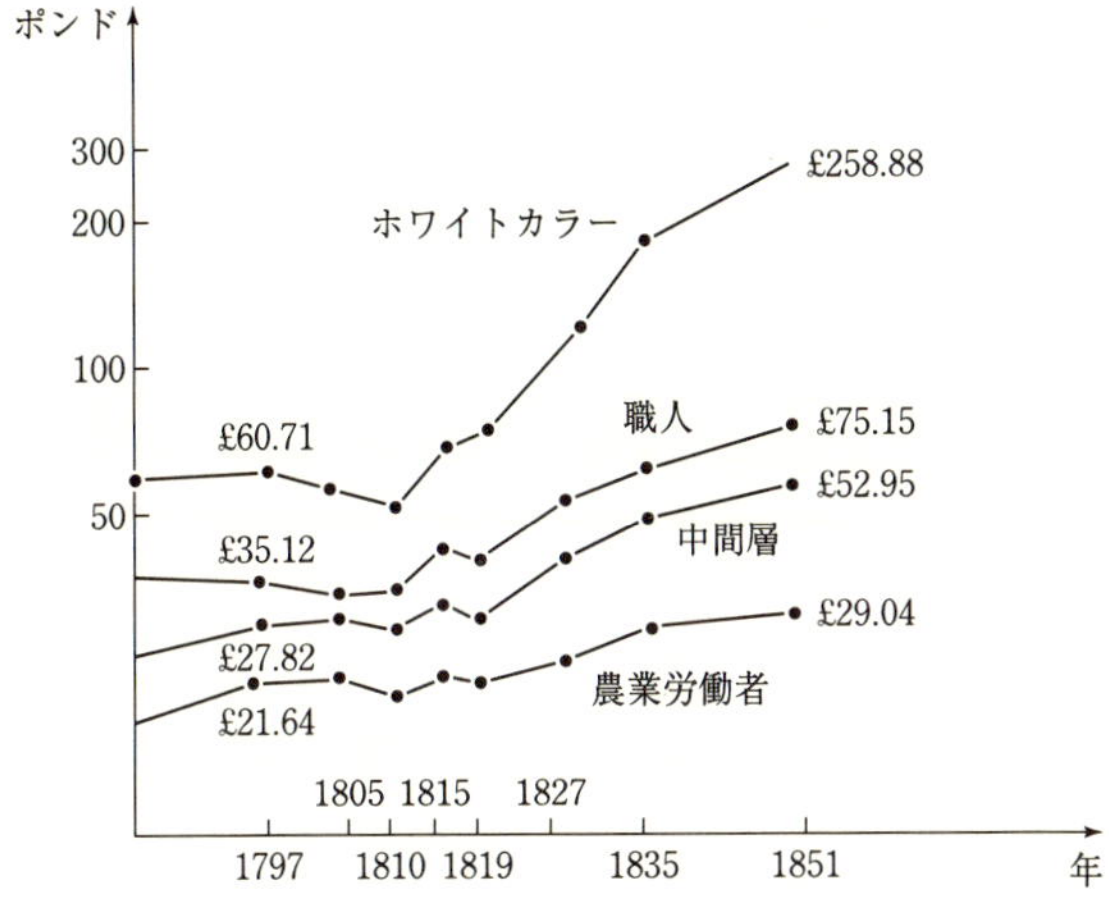

出所：Williamson (1985a, p. 18).

実質賃金は安定的だったか

イギリスの産業革命中、実質賃金は安定的だったであろうか。この疑問が惹き起した議論は産業革命自体と同じくらい古いものである。コンピューター、古文書の研究そして研究に対する十分な資金援助のおかげで、「最初の産業革命」中に実質賃金に何が起こったかという問題について、一九五〇年代および一九六〇年代に問題を議論しあったマックス・ハートウェルやエリック・ホブスボウムのような古典派の経済学者や歴史家が知りえたよりも、現在われわれははるかに多くのことを知っている。その回答はわれわれが一八二〇年より前か後のいずれをみるかにかかっている。図3－2は、一八二〇年頃までは実質賃金が事実安定していたことを明確に示している。それはまた熟練労働者の実質賃金が一八二〇年以降（この時期に農業労働者と都会の非熟練労働者――「中流グループ」――は、生活水準のわずかな改善を得ていたにすぎない）急激な成長を示しはじめ、非熟練一般労働者が後に取り残されたということを示している。第1講で論じたように、所得の不平等もまた一七六〇年代に続く一〇〇年間に増大し、おなじみのクズネッツ・カーブを描くことになった。

古典派の経済学者は結局正しかったように思われる。実質賃金は一八二〇年まで安定していて、その後上昇したが、非熟練労働者の賃金ははるか後ろに取り残されたのである。

イギリスの産業革命は本当に「革命的」だったか

イギリスの産業革命が「革命的」だったという仮定を是認した古典派の経済学者は正しかっただろうか。もしもかれらがこの第二点で間違っていたとすれば、そのときわれわれが必要とするのは緩慢な成長の説明であって安定的な実質賃金を伴った急速な成長を説明する労働余剰モデルではない。すなわち、われわれが必要とするのは一八二〇年に至るまでの初期工業化に関してのリカード的思考であり、マルサスないしはマルクス的思考ではない。

最新の修正主義的証拠は、一八二〇年前後のどこかでイギリスが長期的な転換点を通過したということを確認する。国民所得の成長率は、前の時期の方が後の時期よりもずっと低かった。つまり一人当たり所得の成長率は、一七七〇年から一八一五年まで一年間で約〇・三％にすぎなかったが、一八一五年から一八四一年までは約〇・九％であった。成長率が二倍三倍になったということは工業生産指数においても明らかであり、そしてわれわれがみてきたように、その転換点が実質賃金に対しても等しく劇的であったとすれば、一八二〇年代以前のイギリスの成長はせいぜいわずかなプラス程度のものであった。続いて起こった多くの産業革命の水準からすれば、一八二〇年以前のイギリスの一人当たり国民所得の成長はほとんど印象に残らないようなものである。第一次世界大戦の二〇～三〇年前、明治時代の日本はその五倍もの業績を記録し、アメリカも一九世紀の中頃に同様のことを達成している。一九七〇年代

表3-4　1761～1821年のイギリスにおける公債発行額，再生産可能資本による国内総貯蓄および民間総貯蓄（貯蓄率は対国民所得比率）

年	公債発行残高（名目額）（百万ポンド）D (1)	国民所得デフレーター（1851～61年＝1.0）P_y (2)	公債発行残高実質額 D/P_y (3)	デフレーター 10年間	デフレーター P_y (4)
1761	103.2	0.77	134.7		
1771	130.2	0.90	144.9	1761～71	0.83
1781	173.7	0.95	183.2	1771～81	0.92
1791	243.6	1.00	244.9	1781～91	0.97
1801	443.1	1.50	295.6	1791～1801	1.25
1811	618.9	1.60	387.3	1801～11	1.55
1821	838.0	1.19	703.6	1811～21	1.40

年	公債残高の増加 名目 D (5)	公債残高の増加 実質 D/P_y (6)	対実質国民所得比率（%） 公債増加額 D/P_Y (7)	対実質国民所得比率（%） 貯蓄投資 S/P_Y (8)	民間総貯蓄率 $S/P_Y+D/P_Y$ (9)
1761					
1771	2.7	3.3	3.6	9.1	12.7
1781	4.4	4.7	4.9	10.5	15.4
1791	7.0	7.2	6.5	13.3	19.8
1801	20.0	16.0	11.5	13.5	24.9
1811	17.6	11.4	6.6	9.0	15.6
1821	21.9	15.7	7.4	13.0	20.4

出所：Williamson (1984, p. 176, 表1).

においては諸国間の成長率格差は大きかったが、発展途上国は平均して一八二〇年代以前のイギリスの一人当たり平均国民所得の成長率の一〇倍、つまり年三・二%を記録している。

一八二〇年代以前のイギリスの成長は、普通採用されている産業革命の期間と並べた時奇妙に思われる。労働余剰モデルと一致して、一八二〇年代まで労働階層の生活水準が改善されていた証拠はない。しかし労働余剰モデルとは違って、所得の上昇と工業化の速度は両者とも驚くほど緩慢であった。さらに表3-4（8欄）はイギリスの貯蓄が少なかったことを示している。九％ないし一〇％という国内総貯蓄率は、一九七七年に約二〇％という現代の発展途上国の平均、あるいは第一次世界大戦頃の日本（一九一〇～一六年に一八％）、あるいは南北戦争後の時期のアメリカ（一八六九～七八年に二三％）、と比べれば確かに低い。加えて、貯蓄率は一八二〇年までに九％から一三％まで上昇しているにすぎないが、それは労働余剰モデルによって予測される劇的な増加ではなく、アーサー・ルイスが「発展論の中心的な問題」だとした五％から一五％の純貯蓄率の増加と比べても確かにはるかに小さい。事実、蓄積の速度は非常に緩慢であった。一七六〇年と一八三〇年――最初の産業革命の最盛期――の間の資本ストック成長率はたった年一％にすぎなかった。労働力の成長率は年間一％であったから、資本―労働比率は年に〇・二％という非常にゆったりとしたペースで上方へ移行したのであり、その変化率は南北戦争前の時代のアメリカの資本深化率（一・六％）よりもはるかに低率であった。最初の産業革命は実際非常に奇妙にみえ、そしてそれは労働余剰モデルを十分に支持しているようには思えない。実質賃金は安定していたが、貯蓄率は低率のままであり、蓄積率も非常に低かった。不平等が高水準でしかも増大している期間中に、なぜ貯蓄率と蓄積率とはそんなに低かったのだろうか。一つの回答は、イギリスは同時に二つのこと――工業化と金のかかる戦争遂行の双方――を行なおうとしたが、イギリスは両方をやりとげるだけの財源を有していなかったにすぎないというものであろう（Williamson, 1984）。一七六〇年以降の六〇年の間に、イギリスは三六年もの間戦争状態にあった。すなわち、一七八〇年代末からの三〇年の間にイギリスは平和時の経済水準から第一次世界大戦まで例のない戦時経済支出の水準へと移行した。戦争は、労働力のかなり高い割合を動員しており、それは市民経済が労働力不足に直面しただろうということを示唆している。戦債は急増したが、それは民間資本蓄積がクラウディング・アウトによって抑制されただろうことを示唆している。税収は国民所得の五分の一に高められたが、それは税引後の個人可処分所得が侵蝕されただろうということを意味している。一方、戦争、港湾封鎖、および通商禁止は国際貿易を減少させたが、それは国内市場における輸入農産物や輸入原材料の相対価格を上昇させ、他方世界市場から排除された輸出工業製品の価格を下落させた。

　蓄積率が緩慢に上昇したにすぎなかったのは、戦争によって貯蓄が強制的に制限された結果だったであろうか。それは多くの当事者が観察したところであって、リカードのいう資本の稀少性に他ならないように思われる。事実、ジョン・スチュアート・ミルは新しい戦債の発行がそのまま個人の資本蓄積を置換しえたとするクラウディング・アウトについての反バロー的見解〔バローは国債発行は後に増税を招くから貯蓄・投資に影響しないとする〕を持っていた。一世紀後T・S・アシュトン（Ashton, 1955, 1959）はクラウディング・アウト仮説を肯定したが、それによって排除されたのは主として建物や建設、つまり今日のいわゆる社会資本であった。

　ミル＝アシュトン仮説の検証の第一段階は、戦債の規模を計算することである。表3－4は、それが莫大であったことを示している。つまり、戦債の純追加負担の平均は一七九一年と一八二一年の間は国民所得の八・五％であった。第二段階は個人総貯蓄率の推計をすることである。すなわち、新しい公的戦債は民間の再生産可能な資本形成に付加されねばならない。そうすればイギリスの個人貯蓄率はもはやそう低いものにはみえないであろう。事実、表3－4は、再生産可能資本への国内投資が一七六一年から一八二〇年までに平均して国民所得のたった一一・四％にすぎなかったということを示しているその一方で、個人総貯蓄率は平均一八・一％であった。さらに、投資割合は一七六〇年代に続く六〇年間に九・一％から一三％に増加したにすぎない一方、個人総貯蓄率は一二・七％から二〇・四％へと上昇したが、その増加はアーサー・ルイスの法則に近いものであった。イギリスは結局最初の産業革命の初期には低貯蓄国家ではなかった。イギリスを普通とは異なるものにしているのは、潜在的な貯蓄の多くが戦争金融に用いられたということである。

蓄積、不平等および労働余剰モデル

労働余剰モデルはルイスの発展理論の「中心の問題」と対峙している。つまり、ルイスの理論はなぜ純貯蓄率が産業革命中に国民所得の五％かそこらから一五％まで上昇したかを、不平等と蓄積についての古典派のトレード・オフ論を取り入れることによって了解したのである。安定的な実質賃金はより大きな不平等を意味し、そして不平等はより高い貯蓄率、より大きな蓄積率、そして最後に産業革命を育んだというのである。

イギリスの史的証拠は労働余剰モデルにとってはあまり好都合ではなかった。実質賃金は確かに一八二〇年まで安定していたけれども、投資率は一七六〇年代と一八二〇年頃の間で約四ポイント上昇したにすぎない。しかも、イギリスがクズネッツ・カーブの上昇局面を通過した一八二〇年以降不平等が急激に増大したにもかかわらず、投資率は一八五〇年代までまったく上昇しなかった。不平等と蓄積との間の相関関係の欠如は、労働余剰モデルあるいはそれにもとづく古典派のトレード・オフ論にとってあまり都合がよくない。

一八二〇年以前の期間に対して、私は首尾一貫して、同時発生的な低投資率、低い蓄積率、資本深化の欠如、そしてもちろん安定した実質賃金を説明できる選択肢を用意してきた。その説明は民間経済に関する戦争とその影響にある。私は完全な議論と証拠を提供する余裕を持たないけれども、戦債クラウディング・アウト、労働動員および貿易偏向による食料欠乏などのインパクトを捉える算定可能な一般均衡モデル〔CGEモデル〕は、一八二〇年までのイギリスの産業革命の特殊性のすべてを適切に説明できることを示すことができる（Williamson, 1984, 1985a, 1985b）。繰り返していうが、古典派モデルの労働余剰とアダム・スミスのトレード・オフ論は安定した実質賃金とイギリスの産業革命初期の増大しつつある不平等を説明するためには必要とされない。リカードの含蓄を持った新古典派のモデルの方がより上手に説明できる。

フランスとの戦争後の時期に対しても労働余剰モデルは支持できない。もちろん決定的な証拠は、実質賃金が一八二〇年以降大きく上昇しはじめたことである。安定的実質賃金は、イギリス産業革命が進行した一八五〇年代までの四〇年間の劇的な工業化の特徴でもなかった。しかしながら、不平等は確実に増大中であり、しかもその多くは非熟練労働者の賃金が上がるのが遅れたという事実に帰せられる。しかし、もし不平等が増大中であったとすれば、なぜ国民総生産に対する投資率が一八二〇年以降上昇を示さないのであろうか。われわれはこの疑問に対するよい説明をもたないが、しかし不平等の増大が投資率の上昇を招かなかったことは明白である。アダム・スミスのトレード・オフ論は、それが最初に構想された時期そのものにも該当しないのである。

四　われわれは間違った質問をしつづけてきたのか

過去における二つの重要な産業革命から得られる証拠は、アダム・スミスのトレード・オフ仮説と矛盾するように思われる。つまり、増大する不平等は一九世紀のイギリスとアメリカにおける普通の意味での資本蓄積率の上昇の重要な決定要因ではなかった。しかし人的資本蓄積についてはどうだっただろうか。悲しいかな、ここでは経済史家は提供できる材料をあまり持ち合わせていない。

われわれは十分にその理由を理解できる。まず第一に、一九世紀の蓄積の様式は普通の意味での資本形成の仕方に大きな比重をかけていたように思われる、他方、二〇世紀の蓄積の様式は人的資本蓄積にはるかに多く向けられたように思われる。このことは、確かに古典派の経済学者が議論した類の成長モデル――土地、労働、および普通の意味での資本が鍵となる投入であり、そこでは機械に対する投資が成長の鍵を握る要因であり、また地代、利潤、および賃金が決定的な働きをする分配上の変数であるようなモデル――に反映されている。二〇世紀に入るとこういった思考方法は次第に不適切であることがわかり、その結果、人的資本が重要な投入として付加され、人的資本に対する投資が成長の源泉についてのわれわれの理解を改めるのに役立ち、そして稼得所得の分配が、時間とともに変化する不平等についてのわれわれの思考の中心部分を占めるようになった。第二に、問題はより難しくなった。普通の意味での資本とは対照的に、そしてこれは当たり前のことであるが、人的資本は個人に体化されねばならない。そして人的投資のための貯蓄をしていない人々の人的資本に対して投資する貯蓄をもっている人々にとって、不完全な資本市場は問題を難しくする。もしも増大する不平等が低所得者の人的投資能力に対する制限を意味するとすれば、またもしもより大きな平等がその制限を部分的に解除することを意味するとすれば、アダム・スミスのトレード・オフ論はさらに一層明確に否定されるように思われる。しかしこれらの関係は歴史的にどれほど重要であっただろうか。われわれにはわからない。経済史家は首尾一貫したそして体系的な方法でこの問題について質問をしてこなかったというのが真相である。

過去一世紀あるいはそれ以前から人的資本の深化において革命的な増大があったこと、そして少なくともそれが公式の学校教育に反映されていることはよく知られている。われわれは就学率（一人当たりの投資フロー）が、また学校教育の成果（一人当たりのストック）が上がってきたことからそのことを認識する。ポール・シュルツ（Schultz, 1987）は最近、一九六〇年と一九八〇年の間の革命的とも思えるほどの学校教育進展の経験を証拠としてまとめたが、それをここで表3-5として再現してみよう。学校教育の指標の増大はまことに壮観であった。さらに驚くべきことは、就学率の増大率が一九六〇年に

表３－５　1961～1981年における学校別，所得階級別諸国の就学率とその成長率

世銀による所得階級（国数）	就学率								就学率成長率（ポイント）1960～81年			
	初等教育（６～11歳）		中等教育（12～17歳）		高等教育（20～24歳）		期待される教育年数					
	1960	1981	1960	1981	1960	1981	1960	1981	初等	中等	高等	期待水準
	(1)	(2)	(3)	(4)	(5)	(6)	(7)	(8)	(9)	(10)	(11)	(12)
低所得国(34)	0.80	0.94	0.18	0.34	0.02	0.04	5.98	7.88	18	89	100	32
インド・中国を除く	0.38	0.72	0.07	0.19	0.01	0.02	2.75	5.56	89	171	100	102
中所得国(38)												
石油輸出国	0.64	1.06	0.09	0.37	0.02	0.08	4.48	8.98	66	311	300	100
石油輸入国	0.84	0.99	0.18	0.44	0.04	0.13	6.32	9.23	18	144	225	46
上位中所得国(22)	0.88	1.04	0.20	0.51	0.04	0.14	6.68	10.0	18	155	250	50
高所得石油輸出国（５）	0.29	0.83	0.05	0.43	0.01	0.08	2.09	7.96	186	760	700	281
工業国(18)	1.14	1.01	0.64	0.90	0.16	0.37	11.5	13.3	−11	41	131	16
東欧非市場国（８）	1.01	1.05	0.45	0.88	0.11	0.20	9.31	12.6	4	96	82	35

出所：Schultz (1987, p. 417, 表１).

より低い教育水準にあった貧しい諸国の間で最大であったという事実である。シュルツが「期待される就学年数」と呼んだ指標における金持ち国と貧困国との間のギャップはこの二〇年の間に劇的に解消した。このような証拠は、貧乏な諸国によるこのキャッチアップが最近の現象であることを示唆するように思われるかもしれないが、他方、リチャード・イースタリン（Easterlin, 1981）は一九八一年にそれがもっと長い歴史を持っていることを示した。第三世界の多くにおける就学率の急激な上昇は少なくとも一九二〇年に遡ってみられるし、一九世紀末に遡ってみられる例も若干ある。さらに図３－３は、これらの第三世界諸国はまた一九六〇年より以前にアメリカとヨーロッパの指導的な国々とのギャップを縮めつつあったことを示唆している。一九六〇～八〇年の期間に起こったとくに目立つことは、かくも数多くの貧しい諸国が追随グループ（キャッチアップ・クラブ）に加って

図3-3　1830～1975年の間の小学校就学率
（人口10,000人当たり）

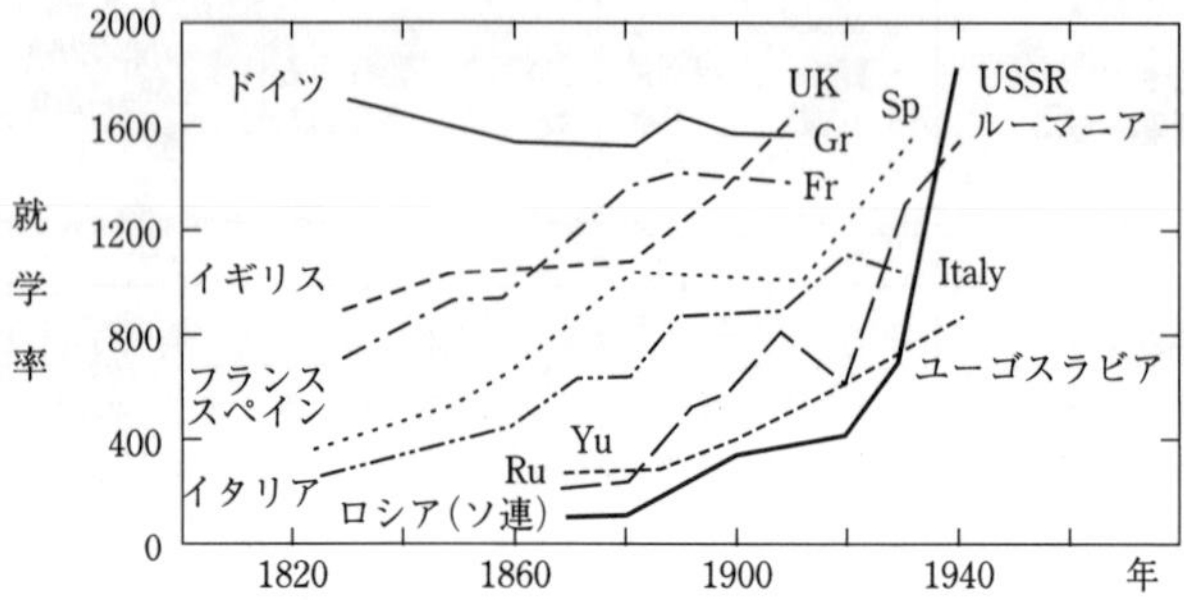

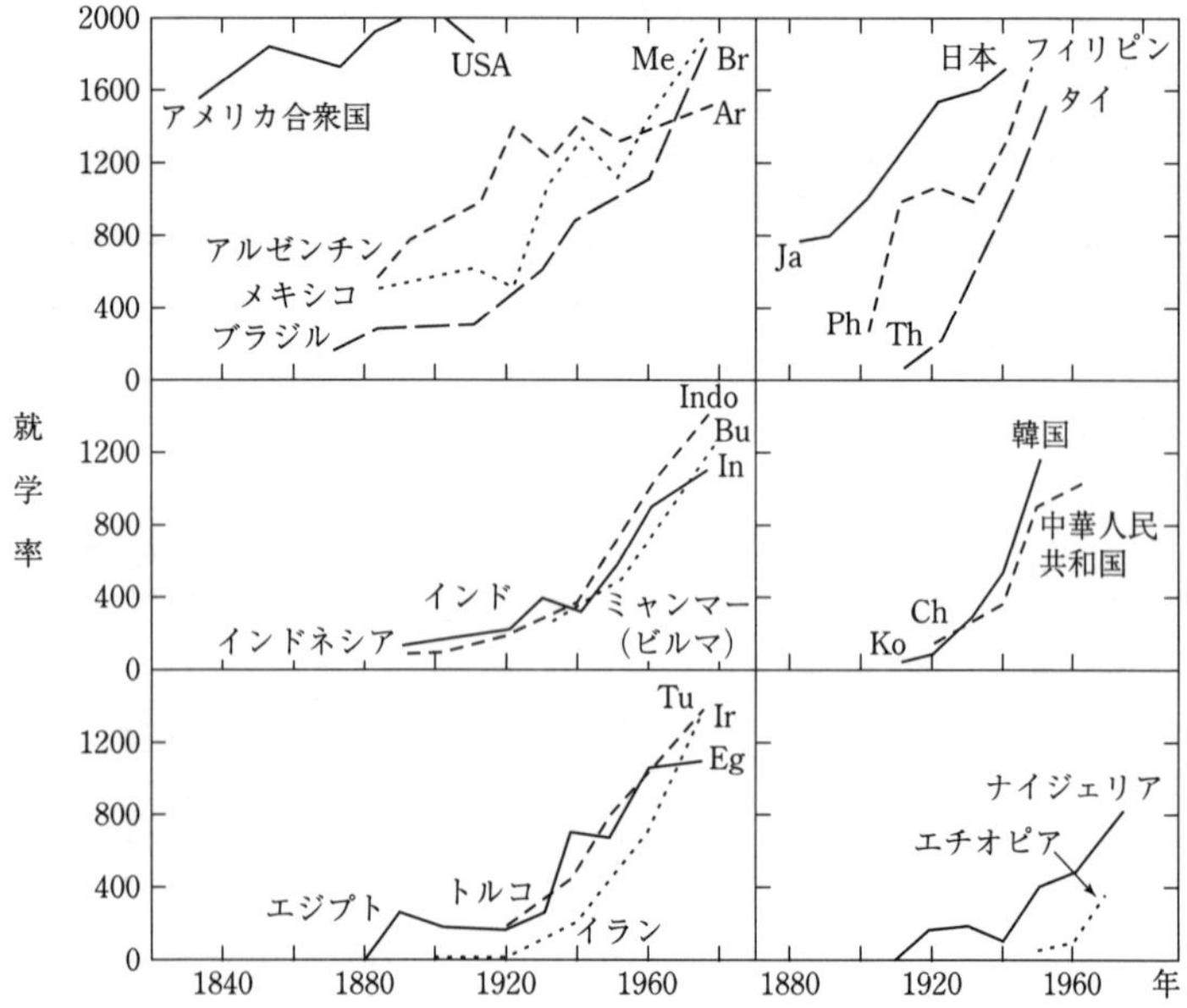

出所：Easterlin (1981, p. 8, 図1).

いたということである。

貧しい諸国が学校教育への投資率において金持ちの諸国に追いついてきたという証拠があるその一方で、それにもかかわらずその成果にはかなりのバラつきがある。一九世紀においてアメリカとドイツはフランスとイギリスよりもはるかに広範な教育を実施していて、それはまったく異なる教育蓄積の制度だったことを示唆している。一九世紀の主要工業国家間でさえなぜこれほど多くの相違がみられるのか。そして、同様の疑問は過去二〇年間の第三世界の経験についても提示される。シュルツ・モデル（Schultz, 1987, p. 447より引用）の残差から明確に浮かび上がる疑問は、なぜ学校教育に対する投資がラテン・アメリカでは非常に低く、東アジアでは非常に高かったのかということである。

一つの抜け落ちている変数は不平等かもしれない。結局、所得は「よい」アジア人の間ではるかに平等に分配されている。これは、第1講からクズネッツ・カーブを再録した表3-6（Williamson, 1993）において明白にみてとることができる。例えば、アジアの代理変数の係数は、サンプルにとったアジアの一一カ国（香港、インドネシア、パキスタン、スリランカ、インド、タイ、フィリピン、韓国、台湾、マレーシアそして日本）が残りの諸国よりもずっと平等主義的であり、しかもその差が大きいということを示している。環太平洋アジア諸国のみが含まれる（環太平洋アジア代理変数）場合にも、多かれ少なかれ、同じ結果が得られる。日本、台湾および韓国のみが含まれる（代理変数ビッグ3）時、その結果はより一層驚くべきものとなる、つまり平均して、上層二〇％の所帯は、発展段階が同じ他の国と比較して総所得の一二ポイント少ない所得を得ていた。このような相違に対しては説明が必要である。さらにこのようなより平等主義的な分配が、東アジアの教育に対するより印象的な寄与にどれだけ貢献していたか、そしてラテン・アメリカにおける反対の例が何を説明するかを知る必要がある。私は明示的な検証を意図した数量分析があることを知らないが、その一方で平等主義の東アジアを満足に説

表3-6　クズネッツ・カーブと「良い」アジア諸国

説明変数	従属変数							
	下層20%の所得シェア				上層20%の所得シェア			
	[1]	[2]	[3]	[4]	[5]	[6]	[7]	[8]
定数	26.16 (4.32)	23.81 (4.30)	26.90 (4.62)	28.78 (4.95)	−51.66 (1.84)	−39.69 (1.47)	−54.64 (2.00)	−62.26 (2.23)
(GNP/人口) の自然対数	−6.95 (3.60)	−6.35 (3.39)	−7.26 (3.91)	−7.67 (4.21)	36.96 (4.14)	33.92 (3.96)	38.22 (4.39)	40.55 (4.89)
$[(GNP/人口)]^2$の自然対数	0.54 (3.61)	0.50 (3.46)	0.57 (3.93)	0.60 (4.22)	−3.13 (4.52)	−2.93 (4.43)	−3.24 (4.79)	−3.41 (5.30)
代理変数：アジア		1.15 (2.35)				−5.90 (2.60)		
代理変数：環太平洋アジア			1.29 (2.35)				−5.17 (2.02)	
代理変数：ビッグ3				2.45 (2.95)				−12.27 (3.24)
決定係数	0.17	0.23	0.23	0.27	0.39	0.45	0.43	0.49
ダービン・ワトソン比	1.64	1.62	1.64	1.68	2.03	2.11	2.12	2.25
F統計値	6.52	6.52	6.56	7.88	18.80	16.15	14.65	18.28

注：カッコ内の数字はt統計値。ビッグ3＝日本，台湾および韓国；環太平洋アジア＝ビッグ3プラス　タイ，フィリピン，マレーシア，香港およびインドネシア；アジア＝環太平洋アジア　プラス　パキスタン，スリランカおよびインド。

出所：Williamson (1993, 表6).

明できるような仮説（Williamson, 1993）が不足しているわけではない。まず第一に、都合のよい歴史的な偶然がある。つまり日本、韓国および台湾はすべて一九四〇年代末および一九五〇年代初期に抜本的な農地改革を導入せざるを得なかったが、それは実質的に小作制度を廃止するというユニークな条件を提供した。土地が再分配されて、分配の底辺にいた低所得層の所得を上昇させたばかりでなく、分配の頂点にいた地主に補償するために用いられた国債の価値が、急速なインフレによって大きく減価したために、中流の所得者も再配分のために、大した税金を支払う必要がなかった。もう一つの好都合な歴史的な力——戦争とインフレによる富の破壊——がこの三つの国において富と所得を再配分するようにうまく働いた。一九三五年と一九五五年の間に、日本における富・所得比率は四・一五から二・二〇へと急落した。富・所得比率のこのような大きな下落は、金持ち階級が破壊された物的資産および金融資産のほとんど全部を所有していたから、所得分配を平等化する（そして続いて貯蓄率を刺激する）傾向があった。私は台湾と韓国に関して同じような証拠を持ち合わせていないが、同様の諸要因がそこでもまた働いていたということは十分可能である。これらの諸要因のどれも、第三世界のより不平等な部分に他ならないラテン・アメリカでは働かなかった。加えて比較優位と農業技術の問題がある。稲作は小規模で、家族農業、労働集約的技術、より平等な土地所有を奨励する傾向がある。一九世紀および二〇世紀のラテン・アメリカの典型的な作物である砂糖黍、コーヒーおよびその他の輸出作物は大規模で、商業的農業、不平等な所有、そしてマルクスとイギリスの経済史家がプロレタリアート的農業労働市場と呼ぶものを奨励した。このような異なった農業技術への初期の特化が東アジアとラテン・アメリカに二つのまったく異なる発展の道をたどらせたように思われる。確かに、これらの歴史的事実はアジアの低所得層に、ラテン・アメリカの低所得層や一八世紀イギリスの低所得層よりも、人的資本への投資をより容易にした。そして確かにこれらの歴史的事実は東アジアにおいて大衆教育を選好するより干渉主義的な政策に翻訳されており、他方ラテン・アメリカや一八世紀のイギリスにおいてはそのような政策は抑えられていた。

もしこの議論がもっともらしく思われるとすれば、そのとき私は不平等と教育投資への関与との間に負の相関関係があることを見出さなければならない。すなわち私は、投資が人的投資を加えて大きくなる時、アダム・スミスのトレード・オフ論をさらに強く否定する歴史的証拠を見出さなければならない。不運にも、歴史はこの理論のような単純な単一因果関係論には当てはまらない傾向がある。図３－４は

図3-4　熟練投資の需要と供給——不平等の役割は不明

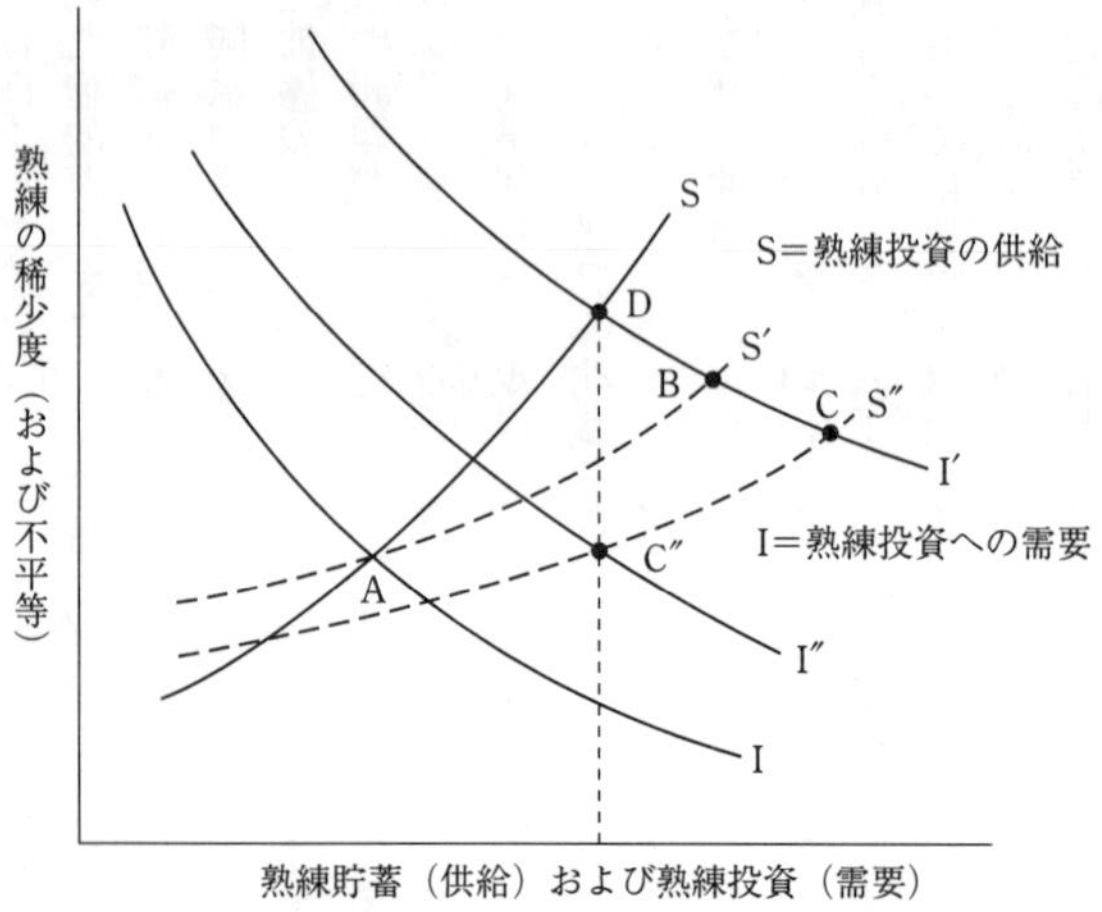

われわれにその理由を説明する。仮に所得と稼得収入の不平等とが高い相関関係をもっているとしよう。それはイギリスとアメリカ合衆国両方の経済史によって確認された命題である。かくして、われわれは縦軸に熟練の稀少度と不平等の両方を置くことができる。もっとも稼得収入の不平等度が同じであっても、それは土地その他の要素の最初の分配による異なった所得不平等を代表しているかもしれない。われわれは、熟練の供給（貯蓄）と投資を水平軸に当てる。産業革命のような出来事は、ここではI′のシフトとして描かれているが、それは熟練投資需要のブームを生み出す。個人部門の反応のみを考えるとすれば、より不平等で低所得者の所得が低い経済はA点でスタートしてD点で終わる熟練不足に対する非弾力的反応を示すであろう。もう一つのより平等主義的な経済では、貧乏な人々が熟練不足によりよく対応して、B点に移動することができるであろう。このより平等主義的経済はまた、政治的諸力に働きかけて公的教育への関与を増すように仕向け、おそらく熟練投資供給関数を右にシフトさせて、C点において新しい均衡を生み出すであろ

う。このような論理の展開が物語のすべてであるとすれば、われわれは探求してきたナマの歴史的相関関係を持つであろう。つまり高度な熟練投資を導びく平等という要因、およびトレード・オフ論の拒否である。しかしながら、すべての国々が同じような需要諸力を持っていることを期待すべき理由はない。仮により平等主義的な経済が、より非熟練労働集約的な成長体制を追求するとすれば、その結果、熟練投資需要におけるブームは抑えられて、I″になるはずである。より平等主義的な経済にとって新しい均衡点はいまやC″である。その場合、歴史は何を明らかにするのか。不平等と熟練投資の間には相関関係はなにもない。というのはDとC″は人的資本蓄積への同程度の関与を意味するからである。

われわれは、トレード・オフ説を評価する時、熟練供給反応から成長体制への影響を解きほぐすことができるか。どっちの説が過去において支配してきたか。一九世紀のイギリスは、現代のブラジルに大変類似していて、A点からD点への道に沿って移動する不平等体制のシナリオに明らかに似ている。他方、東アジアはむしろA点からC点あるいはC″点への道に沿って移動する平等主義的体制のシナリオに似ている。しかしわれわれはもっと証拠を必要としているから、そのためにもう一度ポール・シュルツの論文に戻りたい。

シュルツ（Schultz, 1987）は、一九六〇年と一九八〇年の間の諸国間の教育への関与における差異を説明する生産・需要モデルを開発した。このモデルでは所得、価格、教育的生産技術および人口的変数のすべてが普通想定されるような役割を演じている。しかしながらそのモデルに欠けているのは、教育に対する異なる投資需要を生み出す市場諸力の明確な説明、あるいは所得分配が教育供給反応にどのような影響を与えるかについての明確な説明である。私はかれのモデルに後者を加えることができるが、しかし悲しいかな、前者についてはどうにもならない（Williamson, 1993）。表３－７は、シュルツのモデルよりも幾分小さなサンプルについての結果を与えている。というのは所得分配についての証拠はより

表3-7　1960～80年の35カ国における中等教育の費用とその構成項目の推計
——教師の相対価格を外生変数として——35カ国（1960～80年）

説明変数	従属変数（ロガリズム）	
	中等教育就学率	中等教育学齢児童一人当たりの教育費支出
1970年の成人一人当たり GNP（ロガリズム）	0.313 (2.379)	1.330 (10.931)
教師の相対価格（ロガリズム）	−0.457 (5.272)	0.629 (7.839)
都市人口比率	0.346 (0.608)	0.644 (1.222)
中等教育学齢人口比率	−1.860 (0.809)	−6.261 (2.944)
家計レベルでの国民所得分配 最低所得層40％の所得／最高所得層20％の所得	0.796 (1.234)	0.956 (1.603)
コンスタント	−3.045 (4.410)	−5.638 (8.820)
R^2	0.831	0.956
サンプル数	35	35

注：教師の相対価格は外生変数扱いとし単純最小二乗法で推計；t 統計値の絶対値は各回帰係数の下のカッコ内に表示されている。
出所：Williamson (1993, 表10).

少数の国についてしか得られないからである。二つの独立変数（すべてロガリズム表示）のみが表において報告されている。就学率と就学児童一人当たりの支出という変数である。さらに、分析は諸国間の差異が最大である中学教育に限られている。説明変数の方は、シュルツの四つの変数、すなわち所得、教師の相対価格、都市化率および中等教育の学齢人口比率と、われわれが加えた所得分配の五変数を含んでいる。シュルツの変数に関する推計されたパラメーターは、多かれ少なかれかれの結果を再生産する。つまり教育に対する関与は所得に伴って上昇し、教師の相対価格が高い場合（すなわち資本財が高価な場合）、より少数の子供しか教育を受けていない（就学率が低い）が教育への支出は膨張している。また、学齢期の子供たちがマルサス的に供給過剰な場合、資本拡張が資源を転用してしまうので、子供たちは学校から締め出され、就学児一人当たりの支出も低下する。また、都市化は重要な影響は持たない。最後に、所得分配は予期された効果を持つ。つまり、より平等主義的社会では（底辺の四〇％が上部の二〇％と比較して高い所得率を有している社会では）、教育に対する関与は大きいが、その相関関係は弱い。ここにはアダム・スミスのトレード・オフ論を支持する証拠はないが、しかし反対の意見を支持する証拠も弱い。私は、所得分配変数に関するt統計値が小さくはっきりした関係が現われないのは図3－4にみられるような理由によるものと理解している。つまり高度な不平等を伴った社会はまた、I′点によって示されるような技術投資需要における大ブームを生み出す成長体制を追求するのに対して、より平等主義的社会では逆のことが起こるためである。私はこの主張を証明することはできなかったが、それは確かにとくに優先的に研究する価値があるテーマである。

五　要点

私の話は最初から数えて三つ目のクズネッツ記念講演の最後のところにさしかかっている。不平等と現代の経済成長とについて歴史はわれわれに何を告げるのだろうか。

過去におけるクズネッツ・カーブについてのより明確な理解が生まれてきた。底にある理論はまだ法則として認知できるほどのものではないが、不平等がクズネッツ・カーブを描くような条件は示唆している。われわれがみてきたように、これらの条件は、近代経済成長を経験するすべての国に当てはまるものではないが、二つの重要な産業革命つまりアメリカとイギリスの産業革命に当てはまったと思われる。

一九世紀初期からの長い間にわたるイギリスとアメリカの成長期についての所得不平等の三つの主要な原動力は次のようなものであった。つまり一つ目は、クズネッツ・カーブの上昇局面での産業革命初期における資本と技術集約部門に有利に働いた不均整な部門別の生産性成長率格差の拡大、そしてクズネッツ・カーブの下降局面での産業革命末期において衰えた非熟練労働節約的な不均整な部門別生産性成長率格差である。二つ目は、労働力成長の増減、つまり外国の移民の型によって強力に補強された人口転換の諸力の増減であり、最後に三つ目は、技術深化における加速の遅れであった。これらの諸要因ではその大きさが問題であって、これらの諸力は若干の歴史的例においては、人的資本蓄積の影響やエンゲル法則が農地所有から来る不平等化傾向を相殺するに足るだけ強力ではなかったかもしれない。他の若干例においては、これらの諸力が弱かったために所得分配不平等の拡大が起こらなかったり、期待される所得分配平等化が遅れた場合もあった。

歴史はまたアダム・スミスに遡る古い教訓を訂正すべきことを示唆している。アメリカの歴史は、一層の不平等が普通の意味での蓄積を増大させなかったことを示している。イギリスの歴史は、一層の不平等が普通の意味での蓄積をまったく増大させなかったことを語っている。人的資本が蓄積の物語に付加される時、アダム・スミスのトレード・オフ論は歴史によってさらに強力に拒絶されるであろう。

第4講　貧困、政策および工業化

一　貧困と工業化についての考察

工業化と近代経済成長は貧困を減らすであろうか。一見その答えは明白なように思われる。もし成長とは一人当たり所得の増加を意味すると考えるならば、しかもその所得の分配法に変化がないとすれば、明らかに低所得者の所得は他のすべてのものとともに増加するだろう、そして貧困からの脱出率は同じ動きを示すだろう。この「トリックル・ダウン」説は、前の三つの講演でみてきたように、分配の効果の議論を抜きにして成長と貧困との間の関係を議論することはできないということを示唆している。不平等の拡大は過去において非常に大幅であったので、貧困のパーセンテージは上昇し、それが低所得者間の平均的な生活水準を低下させたであろうか。このような結果は厳しい不平等傾向を実際に惹き起こしがちであろうが、しかし不平等を推進する諸力が貧困を推進する諸力と同じものであることを理解することは重要である。一方、不平等の拡大は必ずしも貧困の拡大を意味しないかもしれないが、それは貧困からの脱出の割合が緩慢であることを意味するであろう。

近代経済成長は直接間接貧困に影響を与える。直接的影響については既に述べた。つまり、もしも低所得者の所得が平均的な所得者と同様に増加するとしたら、そのとき貧困は減少したといえる。間接的影響は、一九世紀と今日の両方でわれわれが観察する貧困の多くが、個人のライフ・サイクルの区切りの段階に起こるという事実を説明することができる。貧困の発生率は、高齢者のような完全な所得稼得者ではない人々や、病人あるいは未亡人のような危機に瀕している人々のなかで最も高い。市場経済から切り離されているこのような個人に、より高い所得が間接的なインパクトを与えないと推論することは間違いである。結局より高い所得を受け取る人々は、貧しい労働者を含めた危機に直面している人々や高齢者と比較してより多くの貯蓄をする余裕があるはずである。そして成長と貯蓄、信用および保険に対する金融機関へのより広いアクセスは、貧乏な個人にさえ一生の収入をかれらの一生に必要とする以上に拡大するのに役立つであろう。さらにより金持ちの社会は、国家の介入によろうと、個人のチャリティーによろうと、あるいは家族内の移転によろうと、必要とする人々により多くの資源を進んで移転し、あるいは移転できると期待されるかもしれない。しかしながら、われわれに判明していることは、より高い所得と貧困との間のこれらの間接的な潜在的関係のどれもが、一九世紀において低所得者にはほとんど役に立たなかったということである。

産業革命初期の期間中に、貧困の割合の低下傾向を防止できない理由が四つある。まず第一に、そしてわれわれがみてきたように、低所得者の所得は産業革命を推進する技術的諸事件に一歩遅れるかもしれない。二番目に、低所得者に直面する生活費はまさに同じ理由でより一層劇的に上昇するかもしれないが、かれらの生活水準はいろいろな形で蝕まれていたので、旧来の所得統計では捉えることができないかもしれない。三番目に、初期産業革命は第二次的未熟練労働者の潜在的収入と第一次的未熟練労働者の二次的な収入源との両方を削り取ってしまうかもしれない。四番目に、近代経済成長は前工業化社会において安全網として働いていた伝統的権利を蝕むかもしれない。これらの各々に関してもう少し詳細にみることにしよう。

初期工業化が貧困の増大の道に通じるかもしれないと考えられる最も重要な道筋、あるいは少なくともその根絶を妨げるかもしれないと考えられる最も重要な道筋は、それが不平等の拡大を生じるかどうかである。第1講は、少なくともイギリスとアメリカにおいて一九世紀のクズネッツ・カーブの上昇局面を支持するかなり多くの証拠があることを示している。さらに、不平等は未熟練労働節約的であった技術的諸力によって推進されてきたと思われるが、それはマルクスによって強調された見解でもあり、一九六〇年代と一九七〇年代とにおける発展論の立場をとる経済学者によって詳細に追求された見解でもあった。未熟練労働に対する派生需要は、初期産業革命中においては――土地、技術および資本のような――他の主要な投入に対するブームの恩恵を同様には受けない。そしてもし普通の貧しい労働者が苦しむなら、極端な貧困状態にある労働者はもっと苦しむであろう。

初期産業革命が貧困の根絶を達成しえなかったのにはもう一つ直接の理由があった。一九世紀の初期産業革命中、技術変革は、低所得者の家計内で最も重要だった財とサービスを生み出す活動において、最も緩慢であった。これらのうちで二つの最も重要なものは食料と都市の住宅供給である。農産物と非農産物との間の交易条件は一九世紀のほとんどの間引き上げられた。その結果、食料は相対的に高価になり、食料費の支出割合がきわめて小さい高所得階層と比較して、それは低所得者の生活費を押し上げた。この長期トレンドの出所は、貿易理論で大変有名なヘクシャー＝オーリン説ではなくて、非弾力的な土地供給と非農業部門に有利な不均衡な生産性の向上であった。土地の稀少性と技術進歩が最も問題だったのである。また都市の住宅供給の相対的費用はさらに増加した。地代は上昇し、そして劣悪で狭い住宅に関する支出でさえ、かれらの家計に占める割合としては結構大きかったから、低所得者はきわめて重大な影響を受けた。高くて上昇し続ける地代は低所得者に常に安価な住宅を進んで求めさせたが、それは死亡率、罹病率を増大させ、かれらの体力を消耗させる低質な住宅にかれらを無理に押し込むことであった。われわれはこのような環境悪化を十分には測定できないが、産業革命中に栄養事情や肉体的福祉が減退したことによってそれは明らかにされてきたように思われる（Fogel, 1989）。都市間輸送革命は、人々が通勤可能な距離を次第に延長し、より一層ゆったりした郊外へ転居することによって次第に最悪のスラムからの脱出を可能にし、都市化のプレッシャーを和らげることになった。かくして低所得者は、今日の第三世界の無断居住者の不法占拠地においてまさにみられるように、郊外よりもむしろ環境条件の悪い一九世紀都市の中心部に集中する傾向があった。これらに加え、政府の都市基盤整備に対する無視が、悪名高い混雑や一九世紀初期の都市の貧民のスラムの生活を促進するのに役立ち、都市生活の質は第三世界の都市で観察されるものよりも低い最悪のものとなった。要するに初期産業革命中に貧しい労働者の所得の増加を遅れさせる傾向があった同じ力もまた生活の相対コスト——工業化は低所得者が消費する商品価格と比べて低所得者が創り出す商品を低価格にする傾向がある——を上昇させる傾向があった。

産業革命初期における貧困の減少を伴った緩やかな進歩に対して貢献したかもしれない他の要因へ話を進める前に、貧しい労働者よりももっと下層に、その割合が比例以上に大きい高齢者、病人、大家族および女性が世帯主の家族などの、極貧層の人々がいたということを繰り返していう価値がある。それゆえ、この章では、技術変化がいかに高齢者の労働、子供の労働および女性の労働に対する需要に影響を与えたかをより一層一般的に考察するつもりである。この重大な問題に対する決定的な歴史的回答はまだわれわれの関知せざるところであるが、鍵となる回答の内容に明らかに家内工業の命運がかかわっていた。これらの工業は低所得者の経済事情にとって過去において非常に重要であったし、また現在もそうである。したがって家内工業は女性、子供および高齢者の労働の利用に関して過去において熱心であったし現在もそうであり、それゆえ、家内工業は過去において弱い立場のグループの重要な収入源であったし、現在もそうである。そこで働く人々はしばしば技術水準が低く、体力も弱く、そして生産のペースが大幅に限定された家庭において子供の世話をしながら仕事をしたし、現在もそうしている。これらの産業は、それらの家族にとってしばしば大切な第二の収入源であって、農閑期の間、雇用市場が低調な間、および食糧危機の時期中にはきわめて重要なものであった。しかしながら、工場の増加と統合された日用品市場の発展はこれらの家内工業を排除する傾向があった。その事実は生活水準論争に際して悲観主義者たちによって強く主張されたもので、私はこの章の後の部分で詳細にそれに関して考察しようと思う。

初期の産業革命が低所得者層の困窮を増幅する可能性を秘めたもう一つの問題は、支援と支援を受ける権利という伝統的手段に対する侵害があったかどうかである。近代化論者はいろいろの異なる要因を強調するけれども、かれらの多くは伝統的な支援のシステムの破壊から近代的な所得移転制度への切換えの間にかなり長期間の遅れがあったことを強調する（Sen, 1981）。つまり、例えば村落の「道徳的経済」に対する侵害（Scott, 1976）、拡大家族の崩壊と「個人主義」の拡大（MacFarlane, 1978）、そして親の投資対象に関する「子供の反乱」を生み出す転居の重要性の増大（Williamson, 1986）などである。これらの権利侵害のテーマの範囲内には多数の重要な主張が含まれる。例えば、われわれがみてきたように、リンダート（Lindert, 1989）は二〇世紀まで過去の新興工業国（ＮＩＣＳ）においては所得移転制度は導入されていなかったと論じているが、二〇世紀における導入は部分的には低所得者の経済状態がクズネッツ・カーブの下降局面において経済の残りの部分に追いつきはじめ、かくして政治的な声を増したという事実に対応していた。他の人々は反対のことを主張し、政府の干渉は――ローカルではあるけれども――前工業化社会においてさえも広範囲に及んでいたと主張している。この論争は、貧困に対する態度について多くをわれわれに語りかけ、またもしもそれらが同じ歴史法則に従うとするなら、その発展が第三世界においてどれほど期待されるかを教えてくれるに違いない。

われわれは、初期の工業化が貧困を根絶できないかもしれない主要な理由を示唆し終ったので、この講演の中心的なテーマに戻ろう。時には低所得者をより貧困にするといわれているのは、経済成長それ自体ではなくて、むしろその問題をいろいろな成長の制度と関連づけている過程と政策なのである。これまでに何度も言及してきたように楽観主義者によって時々提唱されてきたこういった類の議論は、悲観主義者によって提唱された主張に単純に当てはまらないということが明確になっている。例えば世銀の最近の調査報告においてギャリイ・フィールズは第三世界の諸国の中で急激な成長を示す国と停滞を示す国との間の貧困度の変化を比較している（Fields, 1989）。かれは、低所得者は急激な成長の期間中はより恵まれていたと結論している。同様にアメリカの大統領経済諮問委員会（CEA）は、アメリカの高度成長の期間に貧困の割合が減少した、ということを一九六四年に「発見」した。しかし、――経済構造と政策環境を所与として――経済がブームになっているときよりも停滞している時に低所得者がより恵まれていたということをこれまでに示唆したものは一人もいなかった。経済構造と政策環境を所与とすると、確かに急速な成長は貧困を削減するという点で緩慢な成長よりもずっとよい。むしろ、問題はその構造と政策環境の変化がいかに低所得者に影響を与えることができるかである。

これは重要な問題であり、そしてイギリスが最初の産業革命に着手して以来、歴史家がそれらの問題に注目を払っていたにもかかわらず、歴史は進んでこれに回答を与えようとはしなかった。けれどもわれわれが既知の事象と考えている問題について調査し直すことは、現代の第三世界の議論を歴史の上で位置づけるのに役立つかもしれない。それゆえ、この最後の章では、貧困、政策および工業化関連の問題について、一九世紀の経験がわれわれに示唆する諸問題を報告するつもりである（Polak and Williamson, 1989）。

二　貧困のトレンド

証拠について一言

一九世紀の工業化途上国における貧困の大きさと構成についてわれわれは何を語ることができるのだろうか。アーマ・エイデルマンとシンシア・タフト・モリス（Adelman and Morris, 1978, Morris and Adelman 1988）は一九世紀の国々に広く存在した貧困を比較するために広範囲な資料を利用した。一九七八年に収集された証拠はかれらを悲観的な結論に導いた。つまり、「発展が低水準の場合、工業化あるいは商業化の拡大のような類の構造的変化は、人口の中の最も貧しい人々をより貧困化させる傾向がある。」（Adelman and Morris, 1978, p. 256 より引用）。一九八八年の共著においてはずっと悲観色が薄くなっていたその一方で、状況判定の背後にある証拠の多くはなお質的なものであり、印象にもとづくものであった。このような証拠の使用には危険が伴う。例えば一九世紀の低所得者についての著述の増加は貧困の範囲の拡大を反映していたとは限らない。上流階級は貧困の所在の変化によって貧困をもっと意識するようになったのかもしれない。つまり急激な都市化は、都市の中産階級の住居の入口近くに位置する貧困――過密居住――の最も明白で外から見える兆候の増大をもたらした。この汚さがヘンリー・メイヒューやチャールズ・ディッケンズに与えた印象はそれ自体重要である。つまり、それは産業革命中における貧困のポピュラーなイメージを形成した。しかしながらこのような証拠は、低所得者の多くが郊外や視界に入らないようなところに住んでおり、また工業化の速度が遅かったフランスよりも、急激

図4－1　高齢貧困者と高齢貧民(イングランドとウェールズ, 1899年)

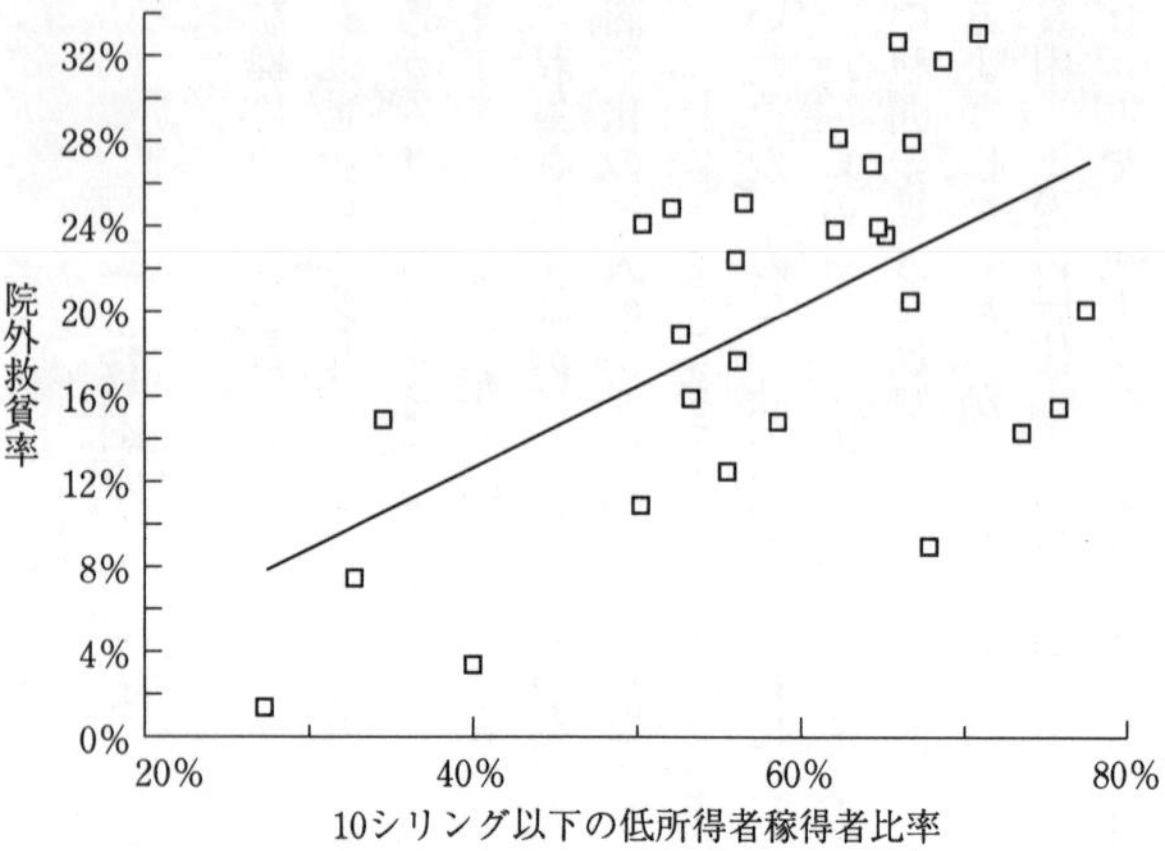

出所：Polak and Williamson (1989).

に工業化しつつあったイギリスの方が貧困度が大きかったという量的な主張を簡単には支持しないであろう。それは、貧困が実際に広がっていたことよりも貧困に気づくことについて多くを語っているのである。

われわれはもっと多くの証例を必要としている。理想をいえばわれわれは、現代の第三世界における貧困と経済成長についてのフィールズの最近の調査（Fields, 1989, p. 5より引用）の中でかれが用いているような家計調査資料を利用したい。不幸なことに、このようなデータは一九世紀のほとんどの時期について存在しない。都市の貧困についての一連の詳細な調査研究はフィールズが用いているような類の家計調査の先駆者であると主張しうるものであるが、それがなされたのは一九世紀の末期においてであった。もっと早い時期については、われわれはイギリスやアメリカにおいて「貧民」に対して地方の官吏が救貧施策を実施したことによって生み出されたデータに依存しなければならない。貧困の傾向を記録するこのようなデータはどれほど有益であろうか。

図4－1は、貧民の統計が貧困を表わすのに使用されうるという主張を分析している。それは、一八九九年に

イギリスの二八カ所でなされた六五歳以上の人々の所得の調査を利用している。水平軸は、所得がかかっている人々の中で週一〇シリング以下の所得しかない高齢者の割合を示している。垂直軸は、調査の対象になった老人のうち院外の救貧の対象になったことのある人の割合を示している。低所得で生活する人々の数と救貧援助で生活する人々の間にはたとえ不完全であっても明確な関係がある。この関係は、われわれが政策効果を考慮する時さらに強力なものになる（Polak and Williamson, 1989）。

経済成長は貧困を減らすか

貧困手当受給が貧困の不完全な代用物として使用されうるとして、われわれは長期トレンドについて何を語ることができるだろうか。図4-2（Williams, 1981, p. 164から引用）は、一八四〇～一九三九年のイギリスの貧民比率の長期トレンドを示している。一見して、一八四〇年代後期から第一次世界大戦まで貧民の割合は明確な下降傾向にあったように思われる。しかしながら、より詳しくみると、減少しているのは院外の貧困手当受給だけである。全体の減少は、極貧者の生活水準の改善よりもむしろ当局が院外貧困手当受給者の数を限定することに成功した証拠であると結論した人がいた。一八四〇年代以降の全体の貧民率の減少は、それにもかかわらず、第1講で議論された不平等と未熟練労働者賃金の傾向と矛盾しない。事実、院外救貧は一八七〇年代には計画的に削減された。しかしながら図4-2における減少は第一次世界大戦の前夜まで継続している。そして確かにそれは低所得労働者の実質賃金の増加によって相当程度まで説明される。それはまた一八八〇年代以後加速された出生率の減少傾向によっても説明されるかもしれない。扶養家族数が減少するにつれて、より多くの子供のない両親が貧困に追いやられずにどうにか切り抜けることができた。イギリスの人口増加率趨勢の上昇局面にあった一八世紀末から一九世紀初期にかけて貧困率が上昇して、一八二〇年から一八四〇年の間に人口成長率がピー

図4-2　人口1000人当たりの貧民率
（イングランド，1840～1939年）

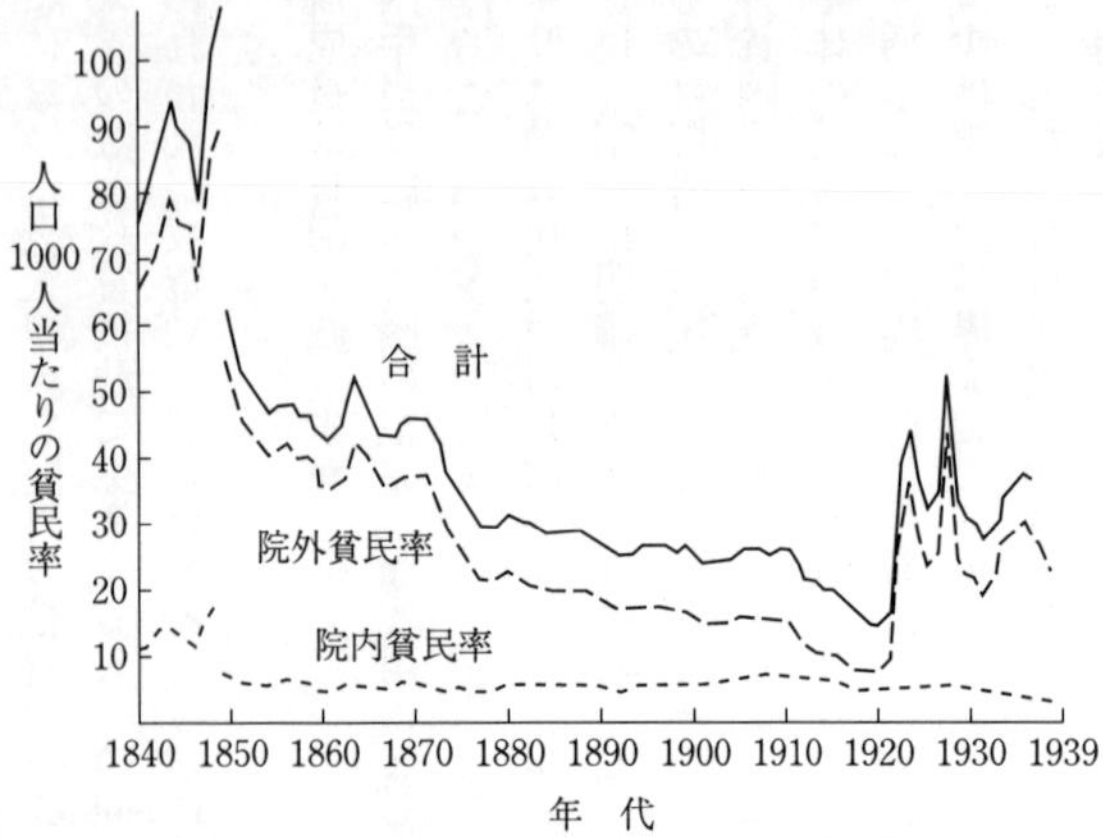

出所：Williams (1981).

クに達した時、従属人口効果は逆に貧困を誇張する役割を演じることになった。すなわち、一八二〇年から一八四〇年まで上昇しつつあった貧困率のかなりの部分は、上昇する出産率と増大する従属人口比率によって推進されたようである。その反対のことは一九世紀の末において真実であったように思われる。

図4-2は一八四〇年代末以降の貧困のトレンドを示している。第三世界の諸問題の現状分析に対してより大きな興味を抱かせる年代、つまり工業化時代の初期についてはどうであろうか。この時代についてはあまりはっきりしたことはいえない。グレゴリー・キング、ジョゼフ・マッシー、パトリック・コルクホーン、ダッドリー・バクスターなどによる独創的な「社会表」は貧困の推計にあたって非常に異なるアプローチを採用しているが、しかしかれらが提供したものの中には十分な情報に裏づけられた推測もあった。修正された「社会表」は、次のような貧困比率のトレンドを意味する（Williamson, 1985a, p. 70）。つまり一七五九年は一二・五％、一八〇一～三年は一九・九％、一八一二年は一四・四％、一八五〇年は一〇・〇％、そして一八

表4-1　地方における1000人当たり救貧人口数
(ニューヨーク州，1805～1895年)

年	ニューヨーク州	ニューヨーク市	残りの州
1835	18.69	84.03	8.73
1840	25.17	88.11	15.27
1846	38.51	146.43	18.93
1850	42.26	97.47	29.13
1855	65.04	160.61	39.73
1860	65.93	138.42	42.33
1865	81.10	233.98	39.95
1870	51.50	85.43	40.96
1874	68.49	130.68	47.77
1880	55.03	124.79	28.79
1885	39.84	86.72	22.42
1890	35.21	64.74	21.59
1895	35.07	54.03	26.96

1845年については数字がない。1875年の比率はその近年の数字と整合的ではない。それは各地方について101.43，253.40および53.38である。
出所：Hannon (1986, pp. 9-10, AppendixA).

六七年は六・二%であった。貧困者比率は、一八世紀末、つまり不平等が増大し低所得者の実質賃金が上がらなかった期間に上昇した。比率は一八一二年と一八五〇年の間に低下に転ずるが、この間の下落は緩慢で、一〇年当たり〇・三%であった。下落はその後加速して二・二%になる。この結果は図4-2および第1講で実証された不平等と非熟練実質賃金のトレンドに一致している。もちろん、救貧の供給量の変化は貧困の推計に影響するが、寛大な救貧は一九世紀の初期に拡大し、一八五〇年以後縮小された。それゆえ、このトレンドは注意して扱われなければならないが、それは経済成長が貧困を減少させるということを確認する一方、貧困の減少率が時代によって相当変化することをも確認するものである。

表4-1は、一八三五年にはじまる五カ年間隔のニューヨーク州の貧民の割合を報告している。貧民（および貧困）は南北戦争前の時代を通じて増大した。そしてハノンは、これらのト

表4-2　郡の救貧人口（イングランドとウェールズ，1803～1805年）

（%）

地域	人口100人当たりの救貧人口	救貧人口の院内救貧率
イングランド・ウェールズ	11.4	8.0
工業郡	9.5	10.9
農業郡	16.1	7.7
ミドルセックス・サリー（すなわちロンドン）を除く工業郡	9.8	7.2

農業郡，工業郡の分類は *Parliamentary Papers* 原本の定義による。
出所：Williams (1981, pp. 150-1).

レンドを救貧の需要が増大した証拠、したがって低所得者の困窮がひどくなった証拠とみている。このような代理変数によると、貧困の減少が大きく進むのは、アメリカの工業化がイギリスとほとんど変わらないくらい本格化する一八六五年以降のことであった。

貧困の地域格差——工業化と都市化

長期的経済発展が低所得者に及ぼす総効果について、農業郡における貧困率を工業郡と比較することによって、われわれはもっとはっきりした印象を得ることができるかもしれない。表4-2は、イギリスの産業革命の初期段階の一八〇三～四年に対してそういった類の証拠をまさに提供している。表の一番下の二列は、ロンドンを除けば農業郡と工業郡の間で（救貧施設に入れられた貧民の割合で測られた）救貧政策の寛大さには明らかな差異はなかったということを示唆している。しかしながらナポレオン戦争のために農産物価格が高かったにもかかわらず、農業郡においてははるかに高い割合の総貧民率がみられた。これは、貧困が一般に農業地域でより広がっていたか、あるいは新しい工業に就職の機会がある地域（北部）から最も離れた地域（南部）でより広がっていたかどちらかであることを示唆している。われわれが所有しているデータは、後者の方がより正しいということを示唆する。農業郡のうちでリストに挙げられた二つの最も北の郡（リンカーンとラットランド）は、最も貧民率が低い。リストに挙げられた一〇の工業郡の中で一三％を越える貧民率を示した四郡のうちの三郡は南部の郡であり、他方一〇％以下の貧民率を示した六郡のうち五郡は北部の郡である。

イギリスの産業革命のさ中において低所得者はどちらかといえば工業化を経験した「地域」でよりよい暮らしをしていたようである。事実、北部における工業化によって生み出されたより高い所得とより大きな収入の機会が貧困に与えた影響がその地域内の農業地域に波及したのであった。地方の低所得者は都市地域へ移動できたし、また移動したが、その結果より高い賃金とより少ない貧困が北部の至る所に広がった。

一体誰が低所得者で誰が貧民か

二つの理由から誰が低所得者で誰が貧民かを問うことは重要である。まず第一に、経済発展は異なるグループに異なった影響を与えたかもしれない。もしわれわれが貧困なグループを特定することができるならば、われわれは成長と貧困との間の関係について、もっと有益なことをいうことができるかもしれない。二番目に、低所得者の構成と貧民のそれとの間には差違があるかもしれない。低所得者は、大部分低賃金の非熟練労働者世帯の中にいるから、かれらの福利における変化を押し進める主な力は第1講で議論された諸力であった。他方、貧民は「極端な」貧困者を代表している。かれらの福利は非熟練労働者の賃金とはそれほど関連していないかもしれない。

健康な男性の貧民は、イングランドにおいては一九世紀を通して減少した。つまり一九〇一年における健康な男性の貧民数は、一世紀早い時期にこの範疇において援助を受けた人数のほぼ七％であった（Williams, 1981, pp. 40-1）。このような減少の一部は、健康な成人男性に対する院外援助を拒絶するイギリス当局による意識的な努力の結果であった。他の要因は市場に関連したもので、既に議論された市場諸力によってもたらされた賃金の上昇であった。

しかしながら、世紀の終わりまでには、われわれは貧民や極端な貧困について議論する時には、成人男性の労働力を超えたところに目を向けなければならないようになった。そのときまでには今と同じように高齢者、病人、未亡人、シングル・ペアレントの子供と大家族内の子供は非常な貧困状態に陥りがちであった。貧困はライフ・サイクルに従う。これは、一九〇六年三月のイングランドとウェールズにおける貧民率を年齢別のグループによって示した図4－3に示されている。実線は総貧民率を、そして破線は院内貧民率を示している。貧民率は高齢者において急激に上昇している。六五歳以上の人口のうちほとんど五人に一人、七〇歳以上の人口の四人に一人がこの国勢調査の時期に貧民援助を受けていた。

六五歳以上の人々は一九〇六年のセンサスにおいてすべての貧民のうちの二八・三％、そして救貧院の人口の三五・二％を占めていた。不幸にして、一八九〇年以前については院外の貧民の年齢に関するデータはないが、「強健でない人」（このグループに属する貧民のうち一九〇六年には八〇％が六〇歳以上であった）としてリストされた貧民のパーセンテージは一八五〇年の三八・九％からピークを迎えた一九〇〇年の四九・二％へと上昇した。院内貧民の六五歳以上人口のパーセンテージは同時期に救貧院人口の一九・八％から三六・五％へと上昇した（Williams, 1981, pp. 204-5）。両者のケースにおいて、上昇の一部は一八七〇年代に行なわれた高齢者への院外救貧の制限のためであったが、その傾向は一九〇〇年まで続いているから、政府の政策が唯一の推進力ではなかったということを示唆している。

データによれば、次のような三つの結論を述べることができるように思われる。まず第一に、年配の人たちの経済的地位は一九世紀末にはその他の労働者階級のそれに立ち遅れていた。二番目に、イングランドの高齢者への救貧は同時期中により厳しいものになっていった。いずれにしても年配者の中での

図4－3　1906年における貧民のライフ・サイクル
(1906年3月のイングランドおよびウェールズにおける各年齢グループの院内貧民および総貧民比率)

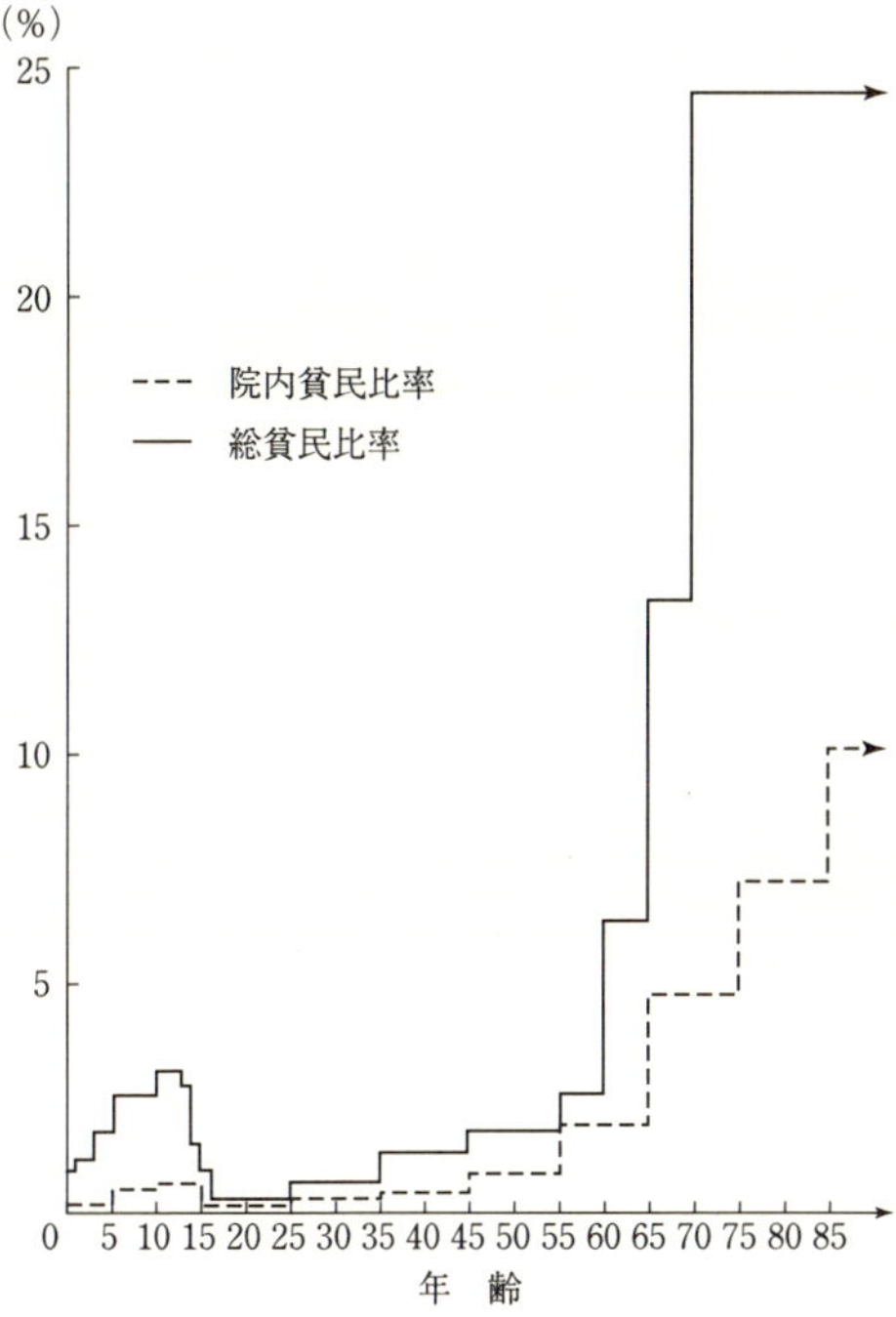

出所：Williams (1981).

貧民の発生が高率であることは、われわれが高齢者に与える工業化の影響に対して特別な注意を払わなければならないということを示唆している。第三に、貧民総数の中での高齢で傷つきやすい人々の比率は、時を追って増大したが、この結果の一部は工業化の推進によって引き起こされ、そして一部は人口上の変化によって引き起こされたものであった。イングランドが人口移転カーブを下方へ移行しはじめ、年配の人が相対的に重要性を増すにつれ、後者の影響は、一層強くなった。同様に、いよいよ多くの高齢者が、イギリスや新世界の都市へ移住した子供に見捨てられて、後に残った。

図4－3において、高齢者における貧民の割合が高いことが明らかにされたが、児童期にも貧民割合にはちょっとした「膨らみ」があって、一〇歳と一四歳の間でピークになり、ティーンエイジャーが労働市場に参入するにつれて急激に下落している。一九世紀の終わりまでには子供の貧民のうち少数のもののみが両親の揃っている家族の中にいたにすぎない。すべての子供の貧民のうち半分以上が女性、とくに未亡人が戸主の所帯に属していた。つまり女性と子供の経済的環境が密接に関連していたのである。女性の貧民率は、男性のそれに比べて青年期を通じて増大して三五歳と四五歳の間でピークに達し、その後高齢化とともに減少している。女性の貧民率の増大は出産年齢と一致しているが、それは離婚したか未亡人となった母親の生活の重圧によるように思われる。貧民になる割合が減少するのは、男性よりも女性が、家庭でとくに孫の面倒をみる必要がある場合に、子供の家庭で同居・扶養される可能性が高いということかもしれない。

未亡人が貧窮に陥りやすいことは、近代の発展途上国のことに詳しい人なら誰でもよく知っていることであり、この現象は工業化に起源を有するものではなかった。前工業化時代のイギリスに関してわれわれが持つ証拠は、未亡人にとって男やもめよりも再婚がはるかに難しかったこと、未亡人が扶養する子供を持っている場合にはとくに再婚が難しかったことを示唆している。シングル・ペアレントとして家族を養うことは現在でも難しいし、また当時も難しかった。その結果、一八世紀のイギリスの未亡人所帯のほとんど四〇％が貧民援助を受けていた。

われわれはこれまで、イングランドの貧民の構成をみてきた。それではイングランドの貧困者の構成についてはは何がいえるだろう。表4－3は、ブース、ラウントリー、そしてボウリーの調査から一九世紀の終わりの都市の貧困の近因を説明する。貧困の大抵は、低賃金あるいは大家族と関連していたことは明白である。未亡人が所帯主の所帯、高齢者および病人は、極端な貧困者すなわち貧民の中で、貧困

表4-3　イギリスのタウンにおける貧困の主要な直接原因（ラウントリー基準以下の貧民家計比率）

（%）

直接原因	ノースハンプトン 1913	ウォリングトン 1913	ボルトン 1914	レディング 1913	ヨーク 1899
主たる賃金稼得者					
死亡	21	6	35	14	27
病気または高齢	14	1	17	11	10
失業	—	3	3	2	3
不規則雇用	—	3	6	4	3
主たる賃金稼得者（規則的に雇用，しかし3人の子供を養うには賃金不足）					
子供3人以下の家族	21	22	20	33	57
子供4人以上の家族	9	38	9	15	
（賃金は3人の子供を養うに足るが家族内に）4人以上の子供	35	27	10	21	
合　計	100	100	100	100	100

出所：Bowley and Burnett-Hurst (1915, p. 408). Bowley and Hogg (1925, p. 158).

者の中よりはるかに高い割合を占めていた。しかし、子供が貧民になっているのは、大抵の場合一人しか収入のあるものがいない家庭が原因だったのに対して、大抵の子供の貧困は、主たる働き手が低賃金しか得ていない大家族において起こった。いずれの場合もアメリカの貧困の近因はイングランドのそれとそれほど違わなかった（Hannon, 1986, p. 97）。

季節、循環および第二の活動

典型的には世帯の第二の働き手が従事するか、主たる働き手の第二の所得源として行なわれる仕事を第二の職業と呼ぶ。これらの職業はいかなるものであっただろうか。工業化以前またはその初期段階には、紡績や織布のような地方の各種家内工業は世帯の主たる所得源をしばしば補足した。後に産業革命期になって、ロンドンやニューヨークのような大都市のそれが最も有名になったが、衣類縫製工場のような「苦汗」作業場と呼ばれるものの発展がみられる。それらのすべてを通じて、今は清掃や露天商のような第三世界における「インフォーマル部門」と同じような職業群がみられる。

家内工業は地方における唯一の重要な第二の職業だったわけではない。土地所有者であろうと借地人であろうと小農民は、しばしばかれらの主要な作物用に加えてバラエティに富んだ土地利用をした。主な所得源が賃労働であった世帯主もまた、かれらが自分自身の消費用か地方の市場向けの作物を育てる狭い土地を耕作した。前工業化時代のイギリスにおける土地を所有していない世帯主でさえも、放牧用に共有地を使用してかれら自身の家畜を飼ったし、都市の労働者はしばしば豚やにわとりを飼育した。

このような活動は低所得者にとっては特別な重要性を有した。これらの第二の活動は貧困に対する「セイフティ・ネット」の一部を形成した。危急の時には第二の職業が主たる所得源になった。第二の活動は、しばしば主たる職業とは異なる季節的なサイクルを持っていて、それゆえ世帯の労働に対する需要と世帯の所得の両方を平準化した。第二の活動の産出物とサービスの販路は、しばしばローカル化され、それゆえマクロ経済の需要変動にそれほど支配されなかった。世帯の所得源の多様化は市場その他のリスクを平準化した。さらにこれらの活動は普通高齢者や子供や女性——極端な貧困を最も蒙りやすい集団——を高い割合で雇用した。工業化過程でのこのような産業の盛衰は、かくして工業化期間中貧困に対して重要なインパクトを持つことができたし、そしてその役割は現在の工業化過程にある国々においても一九世紀とそれほど変わらず重要である。

われわれは何ゆえ最も傷つきやすいグループ——高齢者、女性そして子供——が家内工業に雇用されているのを見出すのか。たいていの家内工業の仕事があまり体力を必要としないことと近所に仕事があることが、二つの説明である。そのうえ、家内工業の労働者は相当程度まで労働需要に合わせて育児と外部の労働需要によって決定される供給を調節することができる。家内工業における労働は、作業が家庭内で行なわれそして作業のペースとタイミングが比較的柔軟であったという二つの理由から、とくに子供のいる女性にとって好都合であった。

それゆえ、家内工業と小さな農地の存在が貧窮を減少させたと信ずべきいくつかの理由がある。家内工業は、主たる賃金の稼ぎ手が稼げなくなった場合、あるいは市場を通じての労働の需要が減少した場合に、大いに重要性が増大した代替的所得を用意した。すなわち家内工業は市場を通じての労働に対する需要の季節変動を緩和した。あるいは、それは世帯主が主たる働き手の世帯における二番目、三番目の働き手に対して雇用を用意し、そして貧困に対して最も傷つきやすいグループの人々に雇用を提供したのであった。一八世紀末のイギリスの貧困や地方経済に関する当時の専門家は、他の問題で意見が一致することはほとんどなかったが、南部の小農地の侵蝕と家内工業の衰退が貧窮の主要な理由であったということでは同意していた。もっともこれもイギリスに特有なものだったわけではない。一九世紀第二の二五年間のニューヨークにおける貧窮に関する研究（Hannon, 1984, 1986）において、ジョーン・ハノンは家内工業の生産が貧窮と負の相関を持っていたことを発見した。

多くの研究が、特定の家内工業の衰退が女性や高齢者の雇用機会に及ぼした悪影響を跡づけたが、こういったことは経済発展の二つの鍵となる過程――市場の拡大と新技術――といつも関連しているように思える。その筋書きは、綿紡績工場がいわばほとんど一晩の間に家内工業の紡績を一掃した一九世紀初期のニュー・イングランドであろうと、同じようにイギリスのランカシャーの工場との競争で同じような目にあった一八世紀後期および一九世紀初期のアイルランドであろうと、同様であった。しかしながら、工業化は常にこのような第二の活動にとって代わるという印象を与えるとすれば、それは間違いである。それはまた第二の活動を創出するからである。好都合な歴史的な事例として綿花と羊毛を使用する技術の発展を挙げることができる。一八世紀後期において新しい工場紡績技術は家内紡糸工業を破壊したが、それが生産したより安価な紡糸が家内織物工業の織物ブームを導いた。イギリスにおける手織工の数は、新しい工場を基礎とした技術が生産したより安価な原料を利用することによって、一七八〇年と一八一〇年の間に五倍に増加した。一九世紀初期になると新しい工場織布技術が今度は手織職人に打撃を与え、その結果、一八五一年までに職人の人数は一七八〇年の水準に減ってしまった。この過程はここで終わったわけではない。新しいより安価な布地は、それが原料であるところの新しい低賃金衣服製造業の出現を促した要因であった。これらの産業はまた縫製用ミシンの考案のような技術進歩から恩恵を受けた。しかしながらその世紀の末までには、この低賃金家内工業でさえも工場生産によってとって代わられつつあった。

ある家内工業にとって代わった工場技術がしばしば別の産業を創出したという事実は、しかしながら極貧状態が全般的には変化しなかったという誤った結論にわれわれを導くものではない。新しい産業はしばしばそれらがとって代わった産業とは別のところにあった。そしてある産業が新技術に圧倒された時、高齢者はしばしばそれに適応するには最も悪い位置に置かれていた。かれらは特定の製品に関して長年にわたって習得した技術によって得られる利益を失った。そしてかれらが移住することはしばしば最も困難であった。典型的なパターンは、子供たちは移住するが、高齢者は後に残って低賃金と技術陳腐化に伴う貧窮とに苦しめられるというものであった。

工業化は労働需要の季節変動にどのように影響したか。労働需要の季節性はまた、とくに強健な人々の貧窮において季節性を生み出したことがわかっているから、これは、重要な問題である。われわれは、第二の産業が、異なるピークを持つことによるかあるいは時間的需要に固有の柔軟性を示すことによって、季節的な労働需要を平準化する傾向があったことに既に注目してきた。一八世紀のイギリスにおいては工場制度の導入による家内工業の破壊が季節的な所得サイクルを顕著にさせた一つの理由であった。

作物価格の上昇によって押し進められた作物の一層の特化も同様の効果を持った。この過程はまた、西部の農業が輸送の発展によって次第に世界市場にリンクされるようになって、作物の特化が奨励されたアメリカにも当てはまる。一八九〇年代でさえミシガンの農場労働者は年間二・五カ月レイ・オフされ、そしてその数字は建設業における非熟練労働者の場合には三・一カ月であった（Hatton and Williamson, 1991）。

これらの諸力は地方の低所得者を農業の季節的なリズムに対して一層傷つきやすくしたが、それは経済発展の季節性に対する効果として典型的なものだったわけではない。農業の中でさえかぶらのような新しい作物は一年中労働需要を平準化した。そして建設のような多くの産業活動は多少の季節性を持っていたけれども、発展が農業から雇用を他産業に移すにつれて、それは終局的には労働需要における季節変動の重要性を減少させた。これらが作用している主たる力だったことは明白である。事実、マッキノン（MacKinnon, 1986, p. 325 より引用）は一九世紀後期のイギリスでは夏の貧民率と冬の貧民率との間の差が減少したことを示している。

経済発展は労働需要における季節性の問題を小さくしたかもしれないが、それは他方では市場志向的マクロ・ショックの問題を増幅した。貧困に関するマクロ経済サイクルの重要性をみるために、図4-4は一八五〇年から一九一〇年までのイギリスの三つの地域における健康な男性の院内救貧率を失業率と対比して示している。（短期の不安定性はすぐ前に議論した季節変動による。）貧民率と失業との間の強い関係は明らかであって、少しの時間差を伴って失業に続いて貧窮が訪れている。その結果は貧民率と他のマクロ経済の指標との間の関係とともに回帰分析によって確認されている（MacKinnon, 1984, 1986）。貧窮とマクロ経済との間の関係は、工業化が最も進行していた北部において最も強力であった。ハノンは、一九世紀前半の合衆国における貧窮の変化しつつある構造はまた市場への依存がより大き

図4-4　失業と強健な男性の院内救貧率

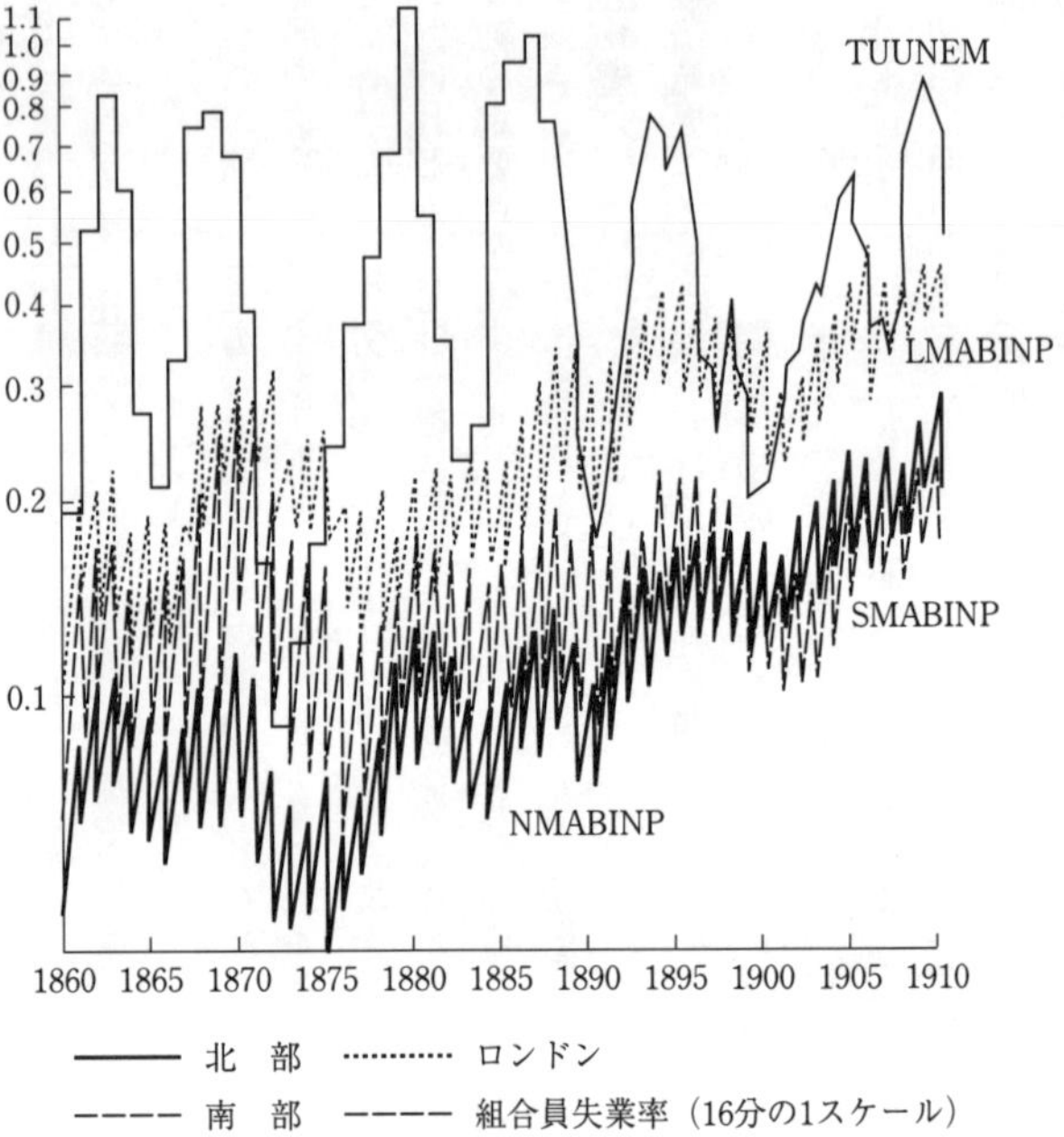

出所：MacKinnon (1984, p. 299).

かったことによるものだと論じている。世帯が専門化された賃金労働に一層依存するようになるにつれて、そして家内工業の雇用が減少するにつれて、短期的失業は困窮のさらに重要な原因となった。

要するに技術、市場の発展および分業のために経済主体は市場に一層深く依存するようになり、第二の活動が衰退するにつれて、一九世紀後期には貧困は市場変動に一層支配されるようになった。これらの第二の活動は、とくに労働需要が季節的に減退した時期においては、また、マクロ経済的ショックが失業を引き起こした時には、世帯の主要所得を補う重要な補填であった。それらの所得はまた、窮民化がより大きなリスクであるような社会集団にとっては、主たる所得源として重要であった。一九世紀からわれわれが得ることができる一つの教訓は、二次的な雇用へのアクセスを減少させた経済的出来事に対応することが最も困難だったのは、高齢者や子供連れの婦人だった、ということである。

三　貧困に対する政策の対応

以下、この講と書物全体で検討し残したもの、つまり貧困に対する政策の対応にわれわれの注意を集中することにしよう。われわれは二つの反応しか考慮に入れない。もっとも、それは一九世紀における最も重要な二つ、すなわち都市における社会資本投資とセイフティ・ネットとであるが。

都市における社会資本

私は、都市の地代が産業革命中に急激に上昇したこと、そしてそれが都市の低所得者の生計費を押し上げることによってかれらにとくにダメージを与える効果を持ったことを第1講で示した。かれらは、きわめて人口が過密な地区に密集して住むことによって、高い家賃を節約する努力をした。同時に、これらの急激に成長しつつある都市における混雑によって生じた公害その他の不快な現象に対処することがきわめて困難であることに、自治体当局や計画立案者は気づいた。かくして、都市は深刻な健康上の危険地帯となり、フリードリッヒ・エンゲルスがそれらを「殺し屋」と呼んだような状態になった。対照的に第三世界の今日の都市は、どちらかといえば、死亡率は田舎の方が高いから、相対的に害が小さいといえる。表4－4がイギリスの場合を示している（事態はヨーロッパ大陸あるいはアメリカにおいても大差はなかった）ように、一九世紀においてはそうではなかった。当然のことながら、この醜い環

表4-4　イングランドの都市および農村における幼児死亡率
（人口千人当たり，1841，1871，および1906年）(%)

地　　域	1906年	1871年	1841年
北部			
安全な農村	145.3	156.1	114.8
醜い都市	148.8	212.1	174.5
差	+3.5	+56.0	+59.7
ヨーク			
安全な農村	138.9	163.5	138.3
醜い都市	149.5	189.4	171.7
差	+10.6	+25.9	+33.4
ランスーチェシャイア			
安全な農村	143.4	172.3	154.7
醜い都市	164.1	195.6	198.2
差	+20.7	+23.3	+43.5
ミッドランズ			
安全な農村	116.8	124.9	137.0
醜い都市	145.4	193.2	190.2
差	+28.6	+68.3	+53.2
東部と南部			
安全な農村	110.5	154.3	129.8
醜い都市	133.0	170.9	173.2
差	+22.5	+16.6	+43.3

出所：Williamson (1990b, 表9-3).

境と関連した死亡や病気は、悪い環境から逃れることが最も難しい低所得者や極貧の人々に最もきつく襲いかかった。病気や死亡率と貧困は、もちろん大いに相関していたが、この結果のうちどれほどが政策の欠如、すなわち都市の社会資本への過小投資によって引き起こされたのだろうか。

私は、それがこの話の一番中心だと考えるのだが、一見本質的でない観察からまずはじめよう。第**3**講で私が論じたように、現代の第三世界と一九世紀後期の基準によれば、イギリスは非常に小さい国民投資率を記録した。その事実はこの問題、つまり投資要求が控えめであったがゆえに投資率が低かったのか、あるいは貯蓄制約のゆえに投資率が低かったのかという問題についての永年にわたる活発な議論を生み出した。第一の立場は、民間部門における投資需要がイギリスの産業革命中における蓄積を進める決定的な力であって、低い技術進歩率と資本使用的バイアスの欠如とが個人部門の投資要求を最小にするのに役立ったと論じた。第二の立場は、イギリスの成長は貯蓄不足によって制約されたと論じるものであった。ごく最近まで、最初の方の見解が経済史の文献を支配してきた。

最初の産業革命中の総投資要求がなぜそんなに小さかったかという点についての鍵となる理由の一つは、工業化を今日におけるようにものすごく高コストの事業にし、W・アーサー・ルイスの言葉（Lewis, 1978, p. 29より引用）でいえば、現代の第三世界の都市を、それほど資本集約的にしている都市の投資活動に対して、イギリスは資金を投下することを怠ったということである。イギリスでは、住宅投資と公共事業は一九世紀の前半においては経済の他の部分に合わせて前進することができなかった。一八〇〇年と一八六〇年の間、全経済の平均資本係数が急勾配で下落する一方で、農業、住宅および公共事業を除外したマクロ経済に対する平均資本係数は同じ期間にかえって上昇した。限界における緩やかな投資需要を表わして、農業を除く平均資本係数は下落したが、その理由は資本集約的な住宅および公共事業が小休止状態にあったためである。

この点を例証するもう一つの方法は、社会資本――住宅の建設プラス公共事業――における資本ストック成長の動きを検討することである。他の著書（Williamson, 1990b, 一〇章）で私は、一人当たりの社会資本のストックが一八世紀後半に下落して、低所得者の生活の質の低下に寄与したことを示した。この成長戦略は一九世紀の最初の三〇年間継続されたが、まったく同じ強さで続けられたわけではなかった。公共事業における一人当たりの資本ストックは下落し続けたが、一人当たりの住居ストックは上昇しはじめた。しかしながら後者は一七六〇年の水準を回復するほどには上昇しなかった。それゆえ、イギリスは七〇年間安上がりの工業化を追求することによって、一八三〇年まで社会資本ストックにおける巨額の欠損を累積していた。社会改革者たちが指摘することになったように、それはイギリスに大きな犠牲を払わせた。

こういったことのすべては、最初の産業革命中における実際の投資要求は小さかったかもしれないが、もし社会資本における投資がペースを守ったならば、投資はそれほど小さいものにはならなかったであろうということを示唆している。逆に二〇世紀の産業革命のことを考えてみよう。W・アーサー・ルイスは、この問題に言及して次のように述べた、つまり「都会と地方の発展のコストの差は工場用に要求される資本と農場用に要求されるそれとの比較で求められるものではない……その差は社会資本の必要の差に求められる」(Lewis, 1978, p. 29 より引用)。事実、(住居を含む)社会資本が直接資本需要に加算される時、インドの都市における資本・労働比率は地方の区域のそれの約四・五倍である (Becker, Williamson and Mills, 1992, 表3-1)。鮮明なコントラストをなして、イギリスの諸都市は、社会資本が除外された場合と比べて、それが含まれても、地方と比較してとくに資本集約的ではないようにみえる。インドでは都会の資本・労働比率が地方の約四・五倍であるその一方で、一九世紀中頃のイギリスの都市ではそれは地方と大体同じかそれ以下であった。今日の第三世界において、都市は非常に資本集約的である。最初の産業革命中、都市はかなり労働集約的であった。その差は、イギリスの都市が社会資本をほとんど割り当てなかったことによって大部分説明できるように思われる。

都市の社会資本は最初の産業革命中は少なかった。そのため投資の必要は少なくてすんだが、都市は醜悪で混雑し、汚染され、とくに低所得者の高死亡率と高罹病率を生み出すようになって、結局高くついた。現代の第三世界と極めて対照的に、そして繰り返すが、イギリスの諸都市は殺人者であった。つまり一八四一年には都市の死亡率は田舎より一〇〇〇人当たり五・六ポイント高かった。これに対して、一九六〇年には第三世界の都市は田舎より死亡率が一〇〇〇人当たり六・三ポイント低かった。われわれは、一八四一年のイギリスと現代の第三世界との間のこのはっきりした人口的な差のどれだけが、イギリスの都市の社会資本に対する低い投資のせいかはわからない。都市の社会資本における低い投資が、

GNPの伸びに対して平均寿命の伸びが遅れた理由のどれだけを説明できるのかはわからない（Fogel, 1986）。しかし確かにそれは問題であった。

このような証拠は、社会資本に対してより多額の投資をより早い時期にしていたならば、死亡率と罹病率が低下し、生活の質が改善されていただろうという推論をもたらす。しかしそのためには何にどれだけの費用がかかったであろうか。それはよいことだっただろうか。都市の社会資本に対する「低」投資は必然的に「過小投資」であったか。もしイギリスが都市の社会資本において実際に過小投資したのだとすれば、それはこのような投資に対する高い社会的収益率によって証明されるべきだった。当時の改良主義者は、都市が混雑し、不潔であり、しかも病気と死が都市の醜悪さと密接な相関関係を持っていたとして訴えたが、公的干渉のための議論を勝ち取るためには、改良主義者は公衆衛生投資が有利な収益を生むことを明確に示さなければならなかった。

そこで、公衆衛生と都市の清潔化に対する投資の社会的収益率はどれぐらいだったかという問題になる。一〇年以上前に、エドワード・ミーカー（Meeker, 1974）は、一八八〇年と一九一〇年との間のアメリカの都市公衆衛生投資の社会的収益率を推計する普通の費用・便益分析を使用して、六％から一六％の範囲の収益率を算出した。これらの社会的収益率は両方ともその時の私的な市場金利を超えており、ミーカーは公衆衛生と都市の社会資本への投資は健全であったと結論した。もちろん、それはまた一九世紀の末でさえこれらの活動にはひどい過小投資があったことを意味している。収益率は一九世紀初期のイギリスの都市においてはさらに高かったようである。もし社会資本への投資に対する社会的収益率が一八三〇年代と一八四〇年代においてそれほど高かったとすれば、何ゆえ実際の投資水準がそんなに低かったのか。その説明は二つの種類の失敗――資本市場の失敗と公共部門の失敗――にある（Wohl, 1983, Williamson, 1990b, 一〇章）。

セイフティ・ネット、家族および国家

セイフティ・ネットは明らかに低所得者にとって重要な問題である。セイフティ・ネットというのは、経済的危機状態の時期に個人を支援してくれる家族、地域社会あるいは国家によって準備された財源を意味する。これらのセイフティ・ネットがなければ、低所得者の所得の変動（あるいはかれらの消費能力の変動）は高い死亡率と社会的崩壊とに導くであろう。

セイフティ・ネットの歴史的発展について一般に抱かれている神話がある。その神話は二つの部分からなる。最初の部分は、近代経済成長の初期段階中に、工業化と市場の出現の両方が、低所得者、病人および高齢者が拡大家族と地方の農村共同体とによって支援されていた伝統的な農業社会を破壊した。すなわち伝統的な社会において、国家はなんら積極的な役割を演じなかったというものである。第二番目の部分は、工業化過程の末期において、社会保障などの正式な制度が近代政府によって発明され、低所得者の面倒をみる伝統的な家族やチャリティーの機能にとって代わった、というものである。これらの二つの段階の間には、「(伝統的な農民経済が崩壊している以上）市場への依存が急激に増大し、しかも社会保障給付の形態において保証された権利がまだ出現していない」(Sen, 1977, p. 56) ような発展の中間の局面が存在したというのである。

セイフティ・ネットのこの神話的発展の第二段階に対する支持はリンダートの一九八九年の著作における最近の国家誘導型の財政による再分配の分析によって与えられているが、その重要な例はヨーロッパと北アメリカにおける二〇世紀の福祉プログラムの登場である。確かにリンダートがこの世紀の最初の三分の二の時期中に低所得者への国家支援が増大したことを指摘しているのは正しい。しかしそれはこの物語の半分にすぎない。もしわれわれが「伝統的」なセイフティ・ネットから「近代的」なセイフティ・ネットまでの単純な二段階の道という神話を受け入れるならば、われわれは歴史から得られる重

要な教訓を見失うことになるだろう。

その神話にはめ込まれた最初の大きな誤謬は、伝統的な社会にロマンティックなイメージを与えたことである。過去三〇年間にわたる人口史家の大きな努力のおかげで、拡大家族制度が産業革命のはじまった北西ヨーロッパにおいては決して典型ではなかったことが明らかになった（Hajnal, 1982）。拡大家族の基礎を危うくするどころか、工業化は実際にそれを強化したかもしれない。マイケル・アンダーソンの一九世紀のランカシャーの研究（Anderson, 1972）は、工業都市プレストンにおいては、結婚している子供たちと同居する高齢者が近くの農村よりも多かったことを見出した。同様のことは、工業化されつつあった一九世紀マサチューセッツにおいてもみられた。世帯構造についての他の研究は、一九世紀中に拡大家族が増加したか減少したかについて明確な判断を下せる材料を提供しないが、しかし家族が前工業化時代のイギリスにおける典型的なセイフティ・ネットではなかったことを明確にしている。このような発見はそれほど驚くべきことではない。たいていの両親は子供たちに重荷を負わせるほど長生きしなかった。死亡率が産業革命中に低下するにつれて両親はより長生きし、老後子供たちによって扶養される可能性がより大きくなった。そして子供たちはより高い所得を得て、両親を扶養する余裕ができた。他方、子供たちは扶養義務を捨て、両親のかれらへの投資に対する期待を裏切って、国内か外国の遠く離れた町の労働市場へ移住した。

しかしながら、一九世紀の工業化によって脅威を受けた前工業化時代のイギリスとアメリカにはセイフティ・ネットが存在しており、しかもそれは——神話の犠牲者であった多くの読者は驚かれると思うが——国家によって用意されていたのであった。一七世紀から一九世紀まで、「家族よりもむしろ集団が一生を通じて個人の安全の源であった」（Laslett, 1985, p. 360より引用）。有名な一六〇一年のエリザベス救貧法の法文は、一九世紀後期の救貧プログラムによって支えられたのと同じ人々、すなわち高齢者、身体障害者、未亡人、孤児、大家族などを、国家の責任で支援することをはっきりと確認していた（Smith, 1981, p. 607 より引用）。イギリスの四つの町村から集められた証拠は、一八世紀には五世帯中一世帯がなんらかの種類の救貧を受けていたことを示唆しており（Smith, 1984, pp. 444-6 より引用）、しかも一八三四年の国家のお慈悲による高齢給付金の低所得労働者の市場賃金に対する比率は一九八四年ないしはサッチャー政権以前の二倍であった（Thomson, 1984, pp. 452-3）。一九世紀のはじめの、まさに産業革命直前のニューヨーク州の救貧プログラムは、連邦福祉プログラムが今日の合衆国予算に占めるのと同じくらいの大きな額を州予算に占めていた（Hannon, 1986, pp. 1-3）。国家の福祉プログラムは近代的な政府の発明であるという神話はこれで十分であろう。そして産業革命が伝統的な家族のセイフティ・ネットを破壊したという神話もこれで十分であろう。

前工業化時代における国家の支援システムの存在は、拡大家族のネットワークが存在しなかったことによって部分的には説明される。核家族システムには核家族特有のリスクが伴う。国家による公式の救貧システムはそれらのリスクを分散させるものであった。しかし前工業化時代のイギリスにおいて、国家の干渉によって救済された貧困のすべてが核家族のライフ・サイクルから生み出されたものだったわけではない。また、干渉は単に救貧だけに限定されていたわけではなかった。ロバート・フォーゲル（Fogel, 1989）は、イギリスの近世国家が飢饉を防止するために食料価格への介入を規則的に利用したことを示した。インドに関するアマルティア・センの研究と同様に、フォーゲルは食糧不足から食糧需要の低い価格弾力性へとわれわれの注意を向けさせた。国内市場とのリンクが弱い地方の穀物市場において、価格は超過需要を排除するために急激に上昇していたから、救貧が行なわれていなかったとすれば貧しい食糧消費者は飢餓へと追いやられたであろう。価格介入は前工業化時代のイギリスにおいて地方的な飢饉を抑えた。そして後に食糧価格がナポレオン戦争中に急騰した時、スピーナムランド救貧制度が低所得者の賃金を補うために創設された。

貧困と低所得者のための寛大なセイフティ・ネットに対するこのような同情的な態度は、産業革命が盛んになったナポレオン戦争以後になるともはや存続しなかった。アメリカ合衆国においても、その態度と政策においてざっと同じような変化がみられる。

大西洋をはさんだ両岸で最もよく起こる救貧への反対論は、低所得者は自らの運命に責任を持つべきであり、慈善や救貧は労働意欲を阻害するにすぎないというものであった。こういった議論はその当時でさえ新しいものではなかった。誰が「貧困に苦しむのが当然だった」か、そうでなかったかについての同じような議論は、中世の著作の中に見出されるはずである。相違点は、今回は低所得者に対するこれらの敵意ある見解に対して反対意見が寄せられたことである。一九世紀初期において救貧の寛大さに反対し、もっと厳格な「ワークハウス・テスト」を要求した多くの人々は、かれらの敵意を赤裸々に表現した。一九世紀初期により厳しい規則を提案した最も重要な人物は、マルサスその人であった。マルサスは、社会が最も困窮した人々とくに高齢者を支援する義務を有することに同意したが、大家族を支援することによって、救貧が人口増加を助長し、賃金を押し下げると信じていた。同様の議論は、イギリスとアメリカの一九世紀の救貧法について最近再浮上してきた（Boyer, 1990, Hannon, 1986）。近代的な議論においては労働移動が出生率と死亡率にとって代わり、暗黙の契約理論がマルサス人口論にとって代わっている。しかし話の筋道はおなじみのものである。季節的ないし周期的に仕事がなくなる農場労働者に救貧援助を与えることによって、他地域への移住者が減少し、季節的・周期的ピーク時に労働はその地方で利用されたであろうというのである。このような救貧援助がなければ、需要のピーク時に労働を必要とする雇用者は高賃金と長期契約を提供しなければならなかったであろう。ボイヤーとハノンは、イギリスとアメリカにおける一九世紀初期の救貧援助は雇用者にとってかれらの労働者との暗黙の契約のコストの一部を国家に転嫁する一方法であった、と論じた。

寛大な救貧援助に向けられた他の二つの反論は、福祉改革についての現代の議論に詳しい人々にはおなじみのものであろう。院外救貧の反対者は、救貧が労働と貯蓄に対する誘因を減少させると絶えず気をもんでいた。ビクトリア朝時代の救貧の反対者たちはまた、それは家族や慈善への責任を弱めるという意味で社会的に有害であると論じた。一九世紀の作家たちは、前工業化時代には、貧乏な人々に対しては家族が援助したという神話を信じていた。かれらは、救貧をカットすることによって、神話的な黄金時代を復活できると考えていた。さらに、国家の恩典は拡大家族の援助や個人の慈善に最近とって代わったのだという神話は、公的な恩典が「伝統的」に期待されたものではなかったという神話を支持するのに役立った。

産業革命中の救貧と貧困に対する態度における主要な変化は、次のようなものであった。（エンクロージャーと農産物の作物選択における変化の後）増大した季節的失業や（ナポレオン戦争に続く）食料の高価格に応えて、救貧援助は一八世紀の末期までにより寛大になった。一九世紀のはじめになると、強健な人々への院外救貧に対する反対が強くなるとともに、院外救貧援助の量が多すぎるのではないかという意見が現われた。大西洋の両岸でその議論は白熱するようになった。それは結局、一八二四年におけるより渋いニューヨーク州救貧法の議会通過と、一八三四年に通過したイギリスのよりきつい新救貧法によって頂点に達した。両法令とも院外救貧の制限を目指したものであった。一八七〇年代において大西洋の両岸で再び院外救貧に反対するいわゆる十字軍運動が起こった。この期間中に未亡人や高齢者を含む多くの不利な立場のグループに対する院外救貧がカットされた。その世紀の後期にわれわれは幾分かの救貧の緩みと社会改革主義者による貧困への関心の増大をみるが、その最も有名な人物はブースとラウントリーであった。両者は、貧困のかなりの部分を低所得者の行動のせいにしたその一方で、他の人々が信じようとしたよりもずっと多くの「罪のない」貧困が存在したことを見出していた。

二〇世紀初期には近代的福祉国家主義の基礎が築かれたとしばしば考えられている。一九一四年までにイギリスは老齢年金や、若干の公的失業対策計画を用意し、低所得者に対する態度を緩めた。第一次世界大戦頃の自由の大波は、当時の新興工業国における態度の大幅な変化とリンダートが考えたもの、すなわち再分配後の所得分配に対して重大なインパクトを与える再分配計画の登場を導いた。しかしながら、二〇世紀の福祉国家の興隆は、前工業期のヨーロッパやアメリカにおける低所得者に対するリベラルな態度への回帰を意味するということをわれわれは忘れるべきではない。一九世紀の工業化途上国がこのようなリベラルな態度から退却したのは、中間のほんの一時期の間だけであった。

ビクトリア朝時代のイギリスにおける救貧政策後退の影響はどのようなものであったか。低所得者の多くに対してそれがどうだったかはいえない。しかしながらわれわれは、高齢者の暮らし向きがずっと悪化したということは確信をもっていえる。図4-5は老齢年金の成人労働者所得に対する比率を示している（Thomson, 1984, p. 453）。一八七〇年代における高齢者援助の急激な下落は、高齢者の所得の絶対的減少を意味するほど大きかった。事実、一八七〇年代中に六五歳以上の高齢者収容場に入っている人々の割合は急激に増加し、（高齢者を含む）労働能力のない人々の中で院内救済を受けている人の比率も同様に増加した。マッキノン（MacKinnon, 1984, p. 328）は、院外救貧に反対する十字軍運動がもしなかったとすれば、一九〇〇年にはなんらかの院外救貧援助を与えられる高齢者が二〇万人も多くいたであろうし、平均的な労働者階級の高齢者の所得は八％高かったであろうと算定している。一八七〇年代においては、政策が高齢の低所得者に対して強力な否定的インパクトを有していたのに対して、二〇世紀初期になると、それは同様に強力な積極的インパクトを有していた。一九一一年における老齢年金の導入後、一九一三年までに、高齢者中の院外貧民比率は一九〇六年レベルの五％にまで低下していた。

図4-5　イングランドにおける年金と労働階級の所得（1837〜1981）

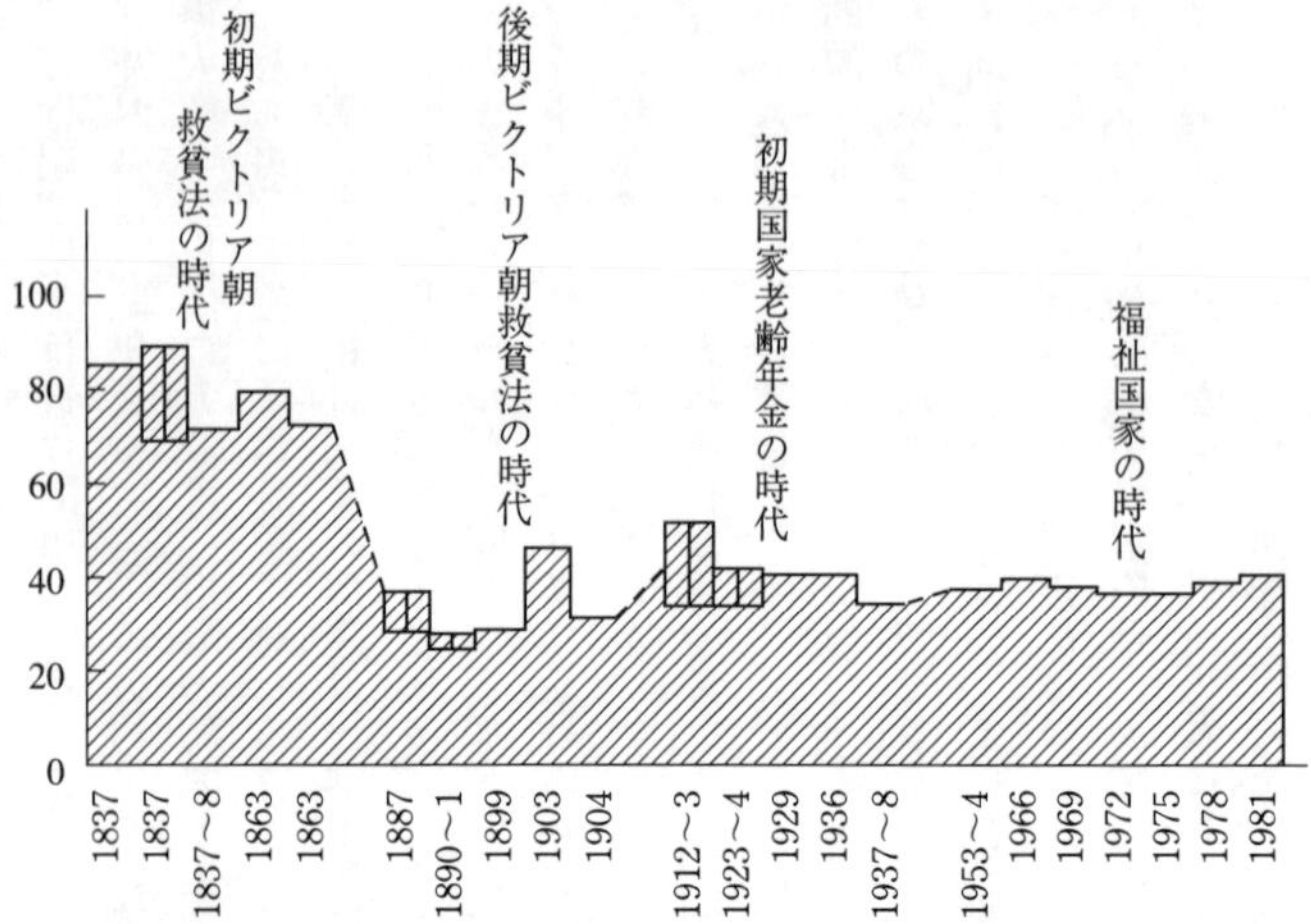

出所：Thomson (1984, p. 453).

われわれはセイフティ・ネットについて何を学んだか。違うように考える方が都合がよいと思われるかもしれないが、典型的には、前工業化時代のヨーロッパとアメリカの社会では低所得者は、家族や個人的な慈善制度によって十分支援されることはなかった。一九世紀の主要新興工業国では、責任の大部分は国家その他の公的制度によって負担されていた。これらの団体は食料市場に介入し、その干渉は低所得者の生活水準に影響した。アメリカやイギリスのように、自由放任政策が産業革命中に採用されたところでは、低所得者の多くが大きな打撃を受けた。自由放任政策が推進された一九世紀の産業革命によって前工業化時代の伝統的なセイフティ・ネットが除去されたことは、財産権とみなされるようになっていた物の強奪であると多くの人が考えた。われわれはこの強奪がどれほど低所得者を傷つけたかは知らないが、しかしそれは所得分配の底辺の極貧層の人々にとっては死活の問題であった。

エピローグ

工業化は不平等を作り出すか。工業化は貧困を増大させるか。不平等や貧困は蓄積を促進するか。これらは石油ショックと債務危機以前の経済発展論における大きな疑問であり、常に経済史上の大きなトピックの中に入っていた。一九八〇年代に工業国の中で増大する不平等の問題が現われると、それは、工業国でも再びファッショナブルなトピックとなった。奇妙なことに、第三世界や最近の工業国における現代の討論は歴史を十分知らずに行なわれてきた。イェール大学クズネッツ記念講演にもとづく本書は、このような知識の偏りを是正することをねらったものである。実際サイモン・クズネッツ自身は数多くの学術的な業績の中のかなりの割合を同じ目標に捧げた。

まったく率直にいって、これらの三つの変数の各々に関する証拠はまだ十分ではないから、産業革命中に何が実際に起こったのかということについての議論はなおしばらくの間続きそうである。しかし、次のようなことを示唆するに十分な歴史的証拠はある。すなわち、一九世紀の新興工業国はたいてい、二〇世紀に増大する平等を経験する前に増大する不平等を経験したこと。増大する不平等が顕著であったところでは、貧困からの脱出速度は遅かったが、救貧率の増大を経験した国は少なかったこと。増大する不平等が、物的資本蓄積率の上昇を可能にさせるのに決定的な役割を果たすことはなかったこと。そして最後に、不平等は人的資本蓄積率の上昇を困難にする上で決定的な役割を演じたこと。これらは四つの重要な史的教訓である。これらの教訓を支える証拠は批判されうるし、また事実批判されてきたが、それは、それが起こる時これらの出来事をどのように説明すればいいか、またそれが起こらない時なぜ起こらないか、を真剣に考えることを保証するだけの説得力はある。

私は、本書がこれらの線に沿ってさらに思考を刺激するのに役立つことを望んでいる。私はまた、論争への参加者が歴史をさらに手近にみることを勧めたい。もしも本書が説得することはできなくても読者を刺激することに成功するならば、私はそれで満足するであろう。

訳者あとがき

本書の著者ジェフリー・G・ウィリアムソンは一九三五年アメリカ生まれだから、本年六八歳になる。一九五九年にスタンフォード大学経済学部を卒業し、一九六一年同大学で経済学博士号を得た後、ヴァンダービルト大学を経て名門ウィスコンシン大学の教授になった。その後一九八三年からハーバード大学で経済史を教えており、一九八四年以来同大学レアード・ベル記念教授を勤めている。この間一九七六―七七年にはスタンフォード大学、一九七八年にはケンブリッジ大学、一九九四年には大阪学院大学、一九九五年にはヨーロッパ大学研究所、キール世界経済研究所、グロニンゲン大学等で客員教授として教えている。また、一九九四―九五年にはアメリカ経済史学会（EHA）会長に任じられた。

ウィリアムソンはアメリカにおける「新しい経済史」創始者の一人で、同派のもっとも「生産的」な学者であり、著書は二一冊、論文は一五二編に達する。主としてアメリカ経済史、イギリス経済史の分野で先駆的業績を上げてきたが、日本経済史、太平洋圏の経済発展、インドの都市化、グローバリゼーションについての著書もある。ウィリアムソンの研究は計量分析を含むものが多く、やや難解なため今日まで邦訳されることがなかった。しかし氏の著作の中には、賃金、生活水準、不平等、環境、都市化、人口変化、各国所得の収斂など、日本の読者にも興味ある話題についてのすぐれた研究が少なくないので、かねてから、これを日本の読者に紹介したいと考えていた。

本書の翻訳を思いたったのは八年前ウィリアムソンが大阪学院大学経済史・経済発展論客員教授講座

の初代教授として来学した時のことだったが、同講座はその後、経済史・経済発展論分野においてはケンブリッジ大学のピット講座と並ぶ世界でももっとも権威の高い客員教授講座となった。これはウィリアムソンのような第一級の学者が初代教授として来てくれたことによるところが大きいと感謝している。

翻訳の作業は私の大病とその後遺症のため中断されていたが、三年前奇跡的に健康を回復するに及んで、再開され、ようやく出版にまでこぎつけることができた。翻訳は安場が最初の二講を、水原が最後の二講を担当し、最終的な調整と文体の統一は安場がこれを行なった。原著にあった二、三の誤りについては原著者と相談の上、これを訂正した。文体についても若干の訂正を施してある。また、経済学上の術語や文献目録に表示されていない文献の出典などについては、適宜訳注を施し、〔 〕の中に表示して、読者の理解を助けるようにした。文献リストもなるべく新しいものにかえた。

本書の各講はもとが講演であるから、ウィリアムソンの著書としては表現が比較的平易で、その主要なファインディング、すなわち英米の熟練・非熟練賃金格差は産業革命の過程で大きく拡大し、一九世紀末の英米両国の所得分配は、一九三〇年代の日本や今日のラテン・アメリカと同じくらい不平等だったこと、レーガン後のアメリカでは所得不平等がいわれることが多いが、昔に比べればまだ平等なこと、英米では一九世紀には不平等を助長する政策が経済成長を促進するためと称して採用されたこと、近代化によって旧来の大家族制度による私的保障が崩れたのではなく、崩れたのは公的な救貧制度による社会保障であったこと、救貧制度による困窮者への助成が一九世紀初頭には現代福祉国家の老齢年金よりも手厚かったこと、一九世紀中期から後期にかけて都市下層階級の健康危機が発生したのは、今日の途上国とは違って、都市社会資本への充分な投資が行なわれなかったためであることなどは、日本の一般読者にはもちろん、現代史や発展論研究者にも目新しいものではなかろうか。これらの事実を見出した教授の歴史家としての貢献が評価される次第である。

比較的平易であるといっても本書の中の大学院生向けの理論的分析については一般読者の理解を超える部分があるかもしれない。グラフ、表による均衡理論的分析については、これを飛ばして読んでも全体の理解には支障はない。事実の敍述を中心として本書を通読されることをお薦めしたい。

尚、本書をこのような形で公刊することができたのはミネルヴァ書房の杉田啓三社長と河野菜穂編集部員の辛抱強い激励によるところが大きい。家内には例によってワープロによる清書上で援助を受けた。記して感謝する次第である。

二〇〇三年三月

訳者を代表して
安場保吉

《訳者紹介》

安場　保吉（やすば・やすきち）

1930年　生まれ。

ジョンズ・ホプキンズ大学経済学 Ph. D.

大阪学院大学経済学部教授，大阪大学経済学部名誉教授。

2005年4月　逝去。

主　著　『東南アジアの経済発展：経済学者の証言』ミネルヴァ書房，2002年。

『高度成長』（共編著）岩波書店，1989年。

『経済成長論』筑摩書房，1980年。サントリー学芸賞受賞。

水原　正亨（みずはら・まさみち）

1942年　生まれ。

大阪大学大学院経済学専攻科修士課程修了。

現　在　大阪学院大学経済学部教授。

社会経済史学会評議員。

主　著　S．ポラード『ポラード現代企業管理の起源』（共訳）千倉書房，1982年。

『江戸期商人の革新的行動』（共著）有斐閣，1978年。

シリーズ・現代思想と自由主義論②

不平等、貧困と歴史

2003年6月15日　初版第1刷発行

2007年3月30日　初版第2刷発行

〈検印廃止〉

定価はカバーに
表示しています

訳　者　安　場　保　吉
　　　　水　原　正　亨

発行者　杉　田　啓　三

印刷者　後　藤　俊　治

発行所　株式会社　ミネルヴァ書房

607-8494　京都市山科区日ノ岡堤谷町1

電話代表　(075) 581―5191番

振替口座　01020-0-8076番

ISBN 978-4-623-03523-6

Printed in Japan

文献リスト

Adelman, I. and C. T. Morris (1978), "Growth and Impoverishment in the Middle of the Nineteenth Century," *World Development* 6 (3), pp. 245-73.

Ahluwalia, M. S. (1976), "Inequality, Poverty and Development," *Journal of Development Economics* 3 (4), pp. 307-42.

—— (1980), "Growth and Poverty in Developing Countries," in H. Chenery (ed.), *Structural Change and Development Policy* (New York : Oxford University Press).

Anderson, M. (1972), "Household Structure and the Industrial Revolution : Mid 19th Century in Comparative Perspective," in P. Laslett (ed.), *Household and Family in Past Time* (Cambridge : Cambridge University Press).

Ashton, T. S. (1955), *An Economic History of England : The 18th Century* (London : Methuen).

—— (1959), *Economic Fluctuations in England, 1700-1800* (Oxford : Clarendon Press).

Bacha, E. L. (1979), "The Kuznets Curve and Beyond : Growth and Change in Inequalities," in E. Malinvaud (ed.), *Economic Growth and Resources, Vol. 1, Major Issues* (New York : St. Martins).

Becker, C. M., J. G. Williamson and E. S. Mills (1992), *Indian Urbanization and Economic Growth Since 1960* (Baltimore, Md : Johns Hopkins University Press).

Blinder, A. S. (1980), "The Level and Distribution of Economic Well-Being," in M. Feldstein (ed.), *The American Economy in Transition* (Chicago : University of Chicago Press).

Bowley, A. L. and A. R. Burnett-Hurst (1915), *Livelihood and Poverty* (London : Ratan Tata Foundation, Bell and Sons).

Bowley A. L. and M. Hogg (1925), *Has Poverty Diminished ?* (London : King and Son).

Boyer, G. B. (1990), *An Economic History of the English Poor Law, 1750-1850* (Cambridge : Cambridge University Press).

Chenery, H., M. S. Ahluwalia, C. L. G. Bell, J. H. Duloy and R. Jolly (1974), *Redistribution with Growth* (London : Oxford University Press).

Clark, C. (1957), *The Conditions of Economic Progress* (London : Macmillan, 3rd edn).

Cline, W. R. (1972), *Potential Effects of Income Redistribution on Economic Growth : Latin American Cases* (New York : Praeger).

Corden, M. and R. Findlay (1975), "Urban Unemployment Intersectoral Capital Mobility and Development Policy," *Economica* 42, pp. 59-78.

Deane, P. and W. A. Cole (1962), *British Economic Growth 1688-1959* (Cambridge : Cambridge University Press).

Denison, E. F. (1967), *Why Growth Rates Differ : Postwar Experience in Nine Western Countries* (Washington, DC : The Brookings Institution).

—— and W. K. Chung (1976), *How Japan's Economy Grew So Fast* (Washington, DC : The Brookings Institution).

Dougherty, C. and M. Selowsky (1973), "Measuring the Effects of the Misallocation of Labor," *Review of Economics and Statistics* 55, pp. 386-90.

Easterlin, R. A. (1981), "Why Isn't the Whole World Developed ?," *Journal of Economic History* 41 (1), pp. 1-19.

Edelstein, M. (1982), *Overseas Investment in the Age of High Imperialism : The United Kingdom, 1850-1914* (New York : Columbia University Press).

Fei, J. C. H. and G. Ranis (1964), *Development of a Labor Surplus Economy : Theory and Policy* (Homeword, Ill. : Irwin).

Feinstein, C. (1988), "The Rise and Fall of the Williamson Curve," *Journal of Economic History* 48, pp. 699-729.

Fields, G. S. (1989), "Poverty, Inequality, and Economic Growth," World Bank Working Paper (Washington, DC).

Fogel, R. W. (1986), "Nutrition and the Decline in Mortality Since 1700 : Some Preliminary Findings," in S. L. Engerman and R. E. Gallman (eds), *Longterm Factors in American Economic Growth*, NBER Studies in Income and Wealth, vol. 51 (Chicago : Chicago University Press).

—— (1989), "Second Thoughts on the European Escape from Hunger : Famine, Price Elasticities, Entitlements, Chronic Malnutrition, and Mortality Rates," NBER/DAE Working Paper No. 1 (Cambridge,

Mass.: National Bureau of Economic Research, May).

Ford, P. and G. Ford (1969), *A Breviate of British Parliamentary Papers 1990-16* (Shannon, Ireland: Irish University Press).

Hagen, E. E. (1958), "An Economic Justification of Protection", *Quarterly Journal of Economics* 72, pp. 496-514.

Hajnal, J. (1982), "Two Kinds of Preindustrial Household Formantion Systems," *Population and Development Review* 8 (3).

Hannon, J. U. (1984), "Poverty and the Antebellum Northeast: The View from New York State's Relief Rolls," *Journal of Economic History* 44, pp. 1,007-32.

—— (1986), "Dollars, Morals, and Markets: The Shaping of Nineteenth Century Poor Relief Policy," paper prepared for the University of California Intercampus Group in Economic History Conference on *Searching for Security: Poverty, Old Age, and Dependency in the Nineteenth Century.*

Hatton, T. J. and J. G. Williamson (1991), "Wage Gaps between Farm and City: Michigan in the 1890s," *Explorations in Economic History* 28 (4) pp. 381-408.

—— (1992), "What Explains Wage Gaps Between Farm and City? Exploring the Todaro Model with American Evidence 1890-1941," *Economic Development and Cultural Change* 40 (20), pp. 267-294.

Hoselitz, B. F. (1957), "Urbanization and Economic Growth in Asia," *Economic Development and Cultural Change* 5, pp. 42-54.

Kelley, A. C. and J. G. Williamson (1984), *What Drives Third World City Growth?* (Princeton: Princeton University Press).

Kuznets, S. (1955), "Economic Growth and Income Inequality," *American Economic Review* 45 (1), pp. 1-28.

—— (1976), "Demographic Aspects of the Size Distribution of Income: An Exploratory Essay," *Economic Development and Cultural Change* 25 (1), pp. 1-94.

Laslett, P. (1985), "Gregory King, Robert Malthus, and the Origins of English Social Realism," *Population Studies* 39 (3), pp. 351-63.

Leibenstein, H. (1957), "The Theory of Underemployment in Backward Economies," *Journal of Political Economy* 65, pp. 91-103.

Lewis, W. A. (1954), "Economic Development with Unlimited Supplies of Labour," *Manchester School of Economic and Social Studies* 22, pp. 139-91.

—— (1965), "A Review of Development Theory," *American Economic Review* 55, pp. 1-16.

—— (1978), *The Evolution of the Internatinal Economic Order* (Princeton, NJ : Princeton University Press).

W. アーサー・ルイス著／原田三喜雄訳『国際経済秩序の進展』東洋経済新報社，1981年９月。

Lindert, P. H. (1986), "Unequal English Wealth Since 1670," *Journal of Political Economiy* 94, pp. 1127-62.

—— (1989), "Modern Fiscal Redistribution : A Preliminary Essay," *Department of Economics*, University of California, Davis (May).

Lindert, P. H. and J. G. Williamson (1985), "Growth, Equality, and History," *Explorations in Economic History* 22 (4), pp. 341-77.

Lipton, M. (1976), *Why Poor People Stay Poor : Urban Bias in World Development* (Cambridge, Mass. : Harvard University Press).

MacFarlane, A. (1978), *The Origins of English Individualism* (London : Oxford University Press).

アラン・マクファーレン著／酒田利夫訳『イギリス個人主義の起源：家族・財産・社会変化』リブロポート，1990年４月，南風社，1997年４月。

MacKinnon, Mary (1984), *Poverty and Policy : The English Poor Law 1860-1910*, unpublished D. Phil. thesis, University of Oxford.

—— (1986), "Poor Law Policy, Unemployment, and Pauperism," *Explorations in Economic History* 23, pp. 299-336.

Margo, R. A. and G. C. Villaflor (1987), "The Growth of Wages in Antebellum America : New Evidence," *Journal of Economic History* 47, pp. 873-95.

Mathias, P. (1972), "Preface" in F. Crouzet (ed.), *Capital Formation in the Industrial Revolution* (London : Methuen).

Meeker, E. (1974), "The Social Rate of Return on Inverstment in Public Health, 1880-1910," *Journal of Economic History* 34 (2), pp. 392-421.

Morley, S. A. (1981), "The Effect of Changes in the Population on Several Measures of Income Distribution," *American Economic Review* 71 (3),

pp. 285-94.

Morris, C. T. and I. Adelman (1988), *Comparative Patterns of Economic Development 1850-1914* (Baltimore : Johns Hopkins University Press).

Musgrove, P. (1980), "Income Distribution and the Aggregate Consumption Function," *Journal of Political Economy* 88, pp. 504-25.

Neal, L. (1985), "Integration of lnternational Capital Markets : Quantitative Evidence from the Eighteenth to Twentieth Centuries," *Journal of Economic History* 45, pp. 219-26.

Paukert, F. (1973), "Income Distribution at Different Levels of Development : A Survey of Evidence," *International Labour Review* 108 (2-3), pp. 97-125.

Polak, B. and J. G. Williamson (1989), "Poverty, Policy, and Industrialization : Lessons from the Distant Past," background paper for the *World Development Report 1990* (Washington, DC : IBRD, September).

Preston, S. H. (1985), "The Changing Relation Between Mortality and Level of Economic Development," *Population Studies* 29 (2), pp. 231-48.

Preston, S. H. and E. van de Walle (1978), "Urban French Mortaliy in the Nineteenth Century," *Population Studies* 32 (2), pp. 275-97.

Riley, J. C. (1987), *The Eighteenth Century Campaign to Avoid Disease* (London : Macmillan).

Robinson, S. (1976), "A Note on the U Hypothesis Relating Income Inequality and Economic Development," *American Economic Review* 66 (3), pp. 437-40.

Rowntree, B. S. (1901, new edn 1908), *Poverty : A Study of Town Life* (London : MacMillan).

B. S. ラウントリー著／長沼弘毅訳『貧乏研究』千城，1995年。

Schultz, T. P. (1987), "School Expenditures and Enrollments, 1960-1980 : The Effects of Income, Prices, and Population Growth," in D. G. Johnson and R. D. Lee (eds.), *Population Growth and Economic Development : Issues and Evidence* (Madison, Wisconsin : University of Wisconsin Press).

Scott, J. C. (1976), *The Moral Economy of the Peasant* (New Haven : Yale).

Sen, A. K. (1977), "Famines, Food Availability, and Exchange Entitlements," *Cambridge Journal of Economics* 1, pp. 33-59.

—— (1981), *Poverty and Famines* (London : Oxford University Press).

Smith, J. E. (1984), "Widowhood and Aging in Traditional English Society," *Aging and Society* 4 (4), pp. 429-49.

Smith, R. E. (1981), "Fertility, Economy, and Household Formation in England," *Population and Development Review* 7 (4), pp. 595-622.

Squire, L. (1981), *Employment Policy in Developing Countries* (Oxford : Oxford University Press).

Thompson, E. P. (1971), "The Moral Economy of the English Crowd in the 18th Century," *Past and Present* 50, pp. 76-136.

Thomson, D. (1984), "The Decline of Social Welfare : Falling State Support for the Elderly Since Early Victorian Times," *Ageing and Society* 4 (4), pp. 451-82.

Tinbergen, J. (1975), *Income Distribution : Analysis and Policies* (Amsterdam : Noth Holland).

Todaro, M. P. (1969), "A Model of Labor Migration and Urban Unemployment in Less Developed Countries," *American Economic Review* 59 (1), pp. 138-48.

Williams, Karel (1981), *From Pauperism to Poverty* (London : Routledge & Kegan Paul).

Williamson, J. G. (1979), "Inequality, Accumulation, and Technological Imbalance : A Growth-Equity Conflict in American History ?," *Economic Development and Cultural Change* 27 (2), pp. 231-53.

—— (1984), "Why Was British Growth So Slow During the Industrial Revolution ?," *Journal f Economic History* 44 (3), pp. 687-712.

—— (1985a), *Did British Capitalism Breed Inequality ?* (Boston : Allen & Unwin).

—— (1985b), "The Historical Content of the Classical Labor Surplus Model," *Population and Development Review* 11 (2), pp. 171-91.

—— (1986), "Did Rising Emigration Cause Fertility to Decline in 19th Century Rural England ? Child Costs, Old-Age Pensions, and Child Default," paper presented to the *Tenth Conference of the University of California Intercampus Group in Economic History*, Laguna Beach, Ca. (May 2-4).

—— (1987), "Did English Factor Markets Fail During the Industrial

Revolution ?," *Oxford Economic Papers* 39, pp. 641-8.

—— (1989), "Inequality and Modern Economic Growth: What Does History Tell Us ?" *Kuznets Memorial Lectures*, Yale University, New Haven, Ct (September 20-22).

—— (1990a), "The Impact of the Corn Laws Just Prior to Repeal," *Explorations in Economic History*, 27, (2).

—— (1990b), *Coping with City Growth During the British Industrial Revolution* (Cambridge: Cambridge University Press).

—— (1993), "Human Capital Deepening, Inequality, and Demographic Events along the Asian Pacific Rim," in G. Jones, N. Ogawa and J. G. Williamson (eds.), *Human Resources and Development along the Asian-Pacific Rim* (Oxford: Oxford University Press), pp. 129-158.

Williamson, J. G. and P. H. Lindert (1980), *American Inequality: A Macroeconomic History* (New York: Academic Press).

Wohl, A. S. (1983), *Endangered Lives: Public Health in Victorian Britain* (Cambridge: Cambridge University Press).

Zevin, R. B. (1989), "Are World Financial Markets More Open ? If So, Why and With What Effects ?," in *Financial Openness and National Autonomy* (New York: Oxford University Press).

人名索引

ア　行

カ　行

サ　行

タ　行

ナ・ハ　行

マ・ラ　行

事項索引

タ　行

ナ　行

ハ・マ・ラ　行